U0840511

阎崇年 著

# 故宫的故事

## 清朝（下）

童趣出版有限公司编　　人民邮电出版社出版

北　　京

# 目录

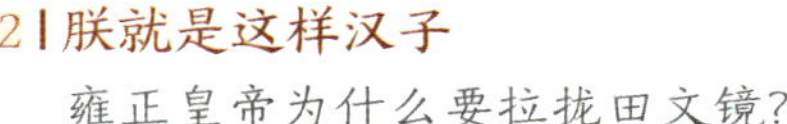

**雍正**
1723—1735 年

**乾隆**
1736—1795 年

**嘉庆**
1796—1820 年

**道光**
1821—1850 年

**咸丰**
1851—1861 年

**同治**
1862—1874 年

**光绪**
1875—1908 年

**宣统**
1909—1911 年

# 朕就是这样汉子

## 雍正皇帝为什么要拉拢田文镜？

台北故宫博物院的一款文创产品曾经火爆市场，是什么好东西呢？其实就是一个普通的运动手环，只是手环上印着雍正皇帝的手迹“朕就是这样汉子”。300 多年前的雍正皇帝居然自称为“汉子”，这让大家感到非常新奇有趣。一位古人，还是堂堂的九五之尊，竟然能说出这么率真豪爽的话语，这种强烈的反差吸引大家纷纷购买这个运动手环。那么，雍正皇帝写下的这 7 个字，究竟是出自哪里呢？

## 江南赈灾有功

雍正二年（1724 年），江南地区遇到灾害，粮食供应不足。朝廷下令让山东和河南两个省的巡抚，在民间以官方的名义采买小米运到江南，平价卖给当地的百姓，来平稳市场的物价。

当时的河南巡抚田文镜接到谕旨后提出，因为江南人不吃小米，所以请求采买小麦运往江南。雍正皇帝认为有道理，就让田文镜自行决断。雍正皇帝又向吏部尚书朱轼、户部尚书张廷玉说起这件事，意思是想让山东巡抚陈世倌也按照田文镜的方法，把小米改成小麦，运往江南。

但是朱轼和张廷玉都认为没有必要，说用小米煮粥很不错，江南人也经常吃，雍正皇帝也就没有令陈世倌这么做。结果山东的小米运到江南果然没人买，代理江宁的巡抚何天培上奏折说，小米在江南卖不出去，请换成小麦。

这件事证明田文镜分析得十分有道理，对这件事判断正确，可见他用心办事，是真的为雍正皇帝分忧了。因此，雍正皇帝发出上谕，嘉奖田文镜尽心办事，应当奖励；而陈世倌草率从事，卖不出去的小米，让他自己在江南卖，亏损的钱也由他自己赔。

十二月初六，吏部向田文镜传达了这道谕旨。田文镜接到后，在十二月十五上奏折谢恩，表示他对雍正皇帝交办的事情，向来抱持着勤勉谨慎的态度，采买小麦这件事只是根据雍正皇帝的指示精神去做的。雍正皇帝看到这份奏折，就用红笔在奏折上批道："朕就是这样汉子，就是这样秉性，就是这样皇帝，尔等大臣若不负朕，朕再不负尔等也。勉之。"这段话的大意是："我这个皇帝，男子汉大丈夫，敢作敢当，该表扬就表扬，该批评就批评，只要你们这些大臣不辜负我，我一定不辜负你们。你们要记住这些话。"

雍正皇帝的这个口气，把自己和田文镜的关系，说得好像江湖好汉之间讲义气的关系。这个田文镜到底是什么人？雍正皇帝又为什么要跟他讲江湖义气？

## 一路平步青云

田文镜本来是汉军正蓝旗人，后来因为得到了雍正皇帝的恩宠，被抬到了汉军正黄旗。在康熙皇帝执政的时候，他做过地方的县丞、知县、知州，也在中央做过吏部员外郎、御史、内阁侍读学士，是一位工作经验丰富的官员。雍正元年（1723 年），山西出现了灾情，立下赫赫战功的大将军年羹尧请求雍正皇帝为山西赈灾，雍正皇帝便召山西巡抚德音了解情况，德音却说山西没有灾情。正好当时田文镜奉命去陕西华山祭祀，路经山西，回来以后把自己亲眼看到的山西灾情向雍正皇帝做了详细的汇报。雍正皇帝非常赞赏田文镜直言不讳、说真话、不隐瞒的做法，把他派往山西去赈济受灾的州县，后来又任命他做山西布政使。

上文里说到，雍正皇帝刚一上任就在养心殿发出 11 道谕旨，要求各级官员整顿作风、清理旧账。田文镜对此非常重视，他在山西坚决贯彻，使当地官员的作风为之一新。此时的雍正皇帝刚继位不久，还需要建立自己的施政班底，所以，他对田文镜不仅是赏识，也带有一些刻意的笼络。雍正二年（1724 年），田文镜被调到河南，不久就做了河南巡抚。随后就发生了他提议把运往江南的小米改成小麦的事情，这一次，雍正皇帝专门发谕旨公开表扬他。但没想到田文镜的所作所为，遭到官场上其他官员的排斥和非议，所以雍正皇帝才在田文镜的奏折上批道：“朕就是这样汉子，就是要表扬你这样的官员！”这件事情也表现出了雍正皇帝的务实精神和敢做敢当的好汉性格。

田文镜贯彻落实雍正皇帝的指示精神，对官员采取了严厉甚至刻薄的管理方式。如果他手下的官员稍有过失或做事迟缓，就一定会被罢免。他上奏折给雍正皇帝，弹劾知州黄振国，知县汪诚（xián）、邵言纶、关陈等官员。雍正皇帝派人去核实，回奏跟田文镜说的一样，件件属实。广西巡抚李绂（fú）升任直隶总督，路过河南开封时，田文镜前去迎接，李绂批评田文镜，不应该有意蹂躏读书人。田文镜明白，李绂一旦入京，必定会弹劾自己，于是先下手为强，把这话秘密报告给雍正皇帝，并说："李绂和黄振国是同一年的考生，当年我弹劾过黄振国，他这是要为黄振国报复我。"

后来，李绂到皇宫见到雍正皇帝，直言黄振国等官员都是被冤枉的，反而是知县张球做官最差劲，田文镜却纵容他。雍正皇帝听后，并没有表态。当年冬天，御史谢济世弹劾田文镜以权谋私等10件事，也涉及冤枉黄振国等官员这件事情，和之前李绂报告的一样。雍正皇帝认为谢济世和李绂是一伙的，有意陷害田文镜，结果谢济世被罢官从军，黄振国、汪诚被判死刑，邵言纶、关陈被下令戍守边疆。从这件事可以看出，此时的雍正皇帝显然已经开始袒护田文镜了。

田文镜继续升职，雍正五年（1727年）做了河南总督兼兵部尚书。雍正六年（1728年），田文镜又受到雍正皇帝的褒奖，表扬他"公正廉明"，并任命他做了河南山东总督，甚至这个官位还是特地为他而设的。雍正八年（1730年），田文镜又兼任了北河总督。如此看来，他的为官之路真是一帆风顺啊！

## 雍正皇帝护短

田文镜是以实事求是做官起家的，但是后来，他恰恰忘记了这一点。雍正八年（1730 年），山东发生了水灾，河南有些地区也被淹了。在清朝，朝廷需要向地方征收银钱和粮食填进国库，满足国家所需。为了给灾民减少负担，度过灾荒，雍正皇帝便下令免除河南的钱粮。田文镜却上奏折说："今年河南被淹的州县，收成虽然不太好，但是还不到受灾的程度，民众都踊跃缴纳钱粮，所以还是按照原来的额度缴纳吧！"也就是说河南的民众不仅没有被免除钱粮，上缴的额度也不会减少。

雍正皇帝仍然命田文镜落实河南缴纳钱粮的数量，但该免除时还是要免除，今年收上来的钱粮可以纳入到明年。结果到了第二年，河南祥符（今河南省开封市祥符区）、封丘（今河南省新乡市封丘县）等州县，竟然出现为了谋生而卖儿卖女的灾民。可是，田文镜还是不安排抚恤灾民，仅仅严禁他们卖儿卖女，这使得灾民更加活不下去了。而此时的雍正皇帝明明知道田文镜是在隐瞒灾情、剥削民众，但还是尽力维护田文镜的“好官”形象，说田文镜之所以这样做是因为年老多病，被部下欺骗了。后来，田文镜因病请求退休，雍正皇帝让他回北京养病，病好以后又派他回去任原职。雍正十年（1732 年），田文镜再次请求退休，获得雍正皇帝的同意后，不久就病死了，雍正皇帝还特地命人在河南修建祠堂来纪念他。

到这个时候，雍正皇帝就不仅仅是为了维护田文镜的“好官”形象了，而主要是维护自己的脸面——自己曾经不惜以江湖义气拉拢的官员，怎么能不是好官呢！

# 隆科多和年羹尧

## 雍正皇帝的两大帮手为什么没有好下场？

雍正皇帝刚继位那几年，最宠信的官员是隆科多和年羹尧：在内得力于隆科多，在外则得力于年羹尧。文武权臣，内外夹辅，和雍正皇帝最信任的十三弟允祥一起，撑起了雍正王朝的江山。但是没过几年，这两位曾经炙手可热的宠臣，就都被雍正皇帝杀了。于是，人们怀疑是不是因为雍正皇帝的皇位来得不正，而这两个人又太了解内情，所以被杀人灭口了。事实真是这样吗？这二人又是什么人呢？

## 继位功臣

在雍正皇帝继位一事中，隆科多是关键人物。我在前面讲过，康熙皇帝指定皇四子胤禛继承皇位的谕旨，是他临终当天在寝宫里跟隆科多和 7 位皇子说的，也是康熙皇帝去世后由隆科多向胤禛口头传达的。

隆科多是满洲镶黄旗人，出身高贵，他是康熙皇帝的舅舅佟国维的儿子，康熙皇帝生母慈和皇太后的侄子，也就是康熙皇帝的舅表兄弟，还是康熙皇帝第三任皇后佟佳氏的弟弟。隆科多在康熙皇帝晚年时担任步军统领，统辖八旗步军中 5 个营的官兵，掌管京城内城九大城门的防卫，保护皇帝的安全。康熙皇帝病重的时候，隆科多一直在他的身边。

胤禛小时候曾被养育在佟佳氏的宫里，应当跟隆科多有所接触。但是当时隆科多结交了皇长子胤禔、皇八子胤禩，与胤禛并不亲密。直到康熙皇帝临终的关键时刻，隆科多才投靠胤禛。有人认为，胤禛之所以能登上皇位，是隆科多从中相助，隐匿了真的谕旨，使康熙皇帝钦定的继承人皇十四子胤禵失去了继位的机会。

雍正皇帝继位以后，首先称隆科多为“舅舅”。隆科多是雍正皇帝的嫡母佟佳氏的弟弟，他本来就是雍正皇帝的舅舅，但这里的“舅舅”是雍正皇帝给封的尊称，性质是不一样的。雍正皇帝还任命隆科多为吏部尚书，仍兼步军统领，又兼管理藩院等。雍正皇帝夸奖他是“当代第一超群拔类之稀有大臣”，真是荣宠备至。

## 心腹重臣

年羹尧的父亲年遐龄曾经做过湖广巡抚，年羹尧在康熙年间考中进士，进入翰林院，做过侍讲学士。后来，胤禛获封亲王，掌管部分镶白旗的事务，所以当时属汉军镶白旗的年氏一家被归到了胤禛的名下，由胤禛管理。不久，年羹尧的妹妹被选为胤禛的侧福晋。康熙朝晚期，年羹尧先后任四川巡抚、定西将军，兼理四川陕西总督。

年家被拨到了胤禛的名下，妹妹又嫁给了胤禛，年羹尧本来应该是投靠胤禛的，但是事实并非如此。年家一开始是投向更有实力的胤禩的，而且年羹尧还娶了大学士明珠的孙女做妻子，而明珠一家是投靠胤禔的，可见年羹尧和他们是一派的。康熙皇帝曾把胤禵派到西北任抚远大将军，年羹尧甚至还曾靠近过胤禵。显然，在年羹尧看来，皇长子胤禔、皇八子胤禩和皇十四子胤禵更有争夺储君之位的胜算。

年羹尧极具军事才能，因此不断得到康熙皇帝的重用和信任。胤禛认为，如果能够拉拢年羹尧，可以极大地增强自身在朝中的势力。眼见皇储之争越来越激烈，正值用人之际，胤禛采取了威胁利诱的方式。他给年羹尧写了一封信，敲打年羹尧权衡利弊，不要站错了队伍，并以他的家人来威胁他。年羹尧接到胤禛的信后，不敢造次，并逐渐投靠胤禛。

年羹尧不负所托，在胤禛取得帝位的过程中，控制西北地区，从军事、政治等方面钳制当时胤禛最强的竞争对手胤禵，从而使雍正皇帝继位后能够集中力量解决其他一系列棘手的问题。

为了稳住西北手握兵权的皇十四弟允禵，雍正皇帝继位不久就召时任抚远大将军的允禵还京，命年羹尧管理抚远大将军的印信等事务。后来，年羹尧被召回北京，向雍正皇帝奏报了西北战局，特别是允禵的情况，博得了雍正皇帝的信任。

雍正元年（1723 年），青海厄鲁特蒙古的首领罗卜藏丹津作乱。雍正皇帝任命年羹尧为抚远大将军，率师前往西宁征讨，第二年就取得了胜利。为此，雍正皇帝特封年羹尧为一等公。此时的年羹尧已经开始居功自傲，恃宠而骄。他到北京时骑着骏马，牵着黄色的缰绳，远远地看见在郊区迎接的官员们后，就不再对他们正眼相看，更不要说下马了。

在被召回北京的短暂时间里，雍正皇帝夸奖年羹尧说："年羹尧的记性特别好，能传达我的话；下笔通畅，能表达我的意思。”所以就让他传达旨意、书写上谕，而这些本来是总理事务大臣的工作，可见此时年羹尧有多受雍正皇帝的倚重。雍正皇帝还对年羹尧说：“你我二人做个千古君臣知遇的榜样，令天下后世钦慕流涎！”到这时，年羹尧受到的恩宠达到了极点，简直要被雍正皇帝捧晕了。

## 月盈则亏，水满则溢

年羹尧作威作福，结党营私，贪取财物，终于引起了雍正皇帝的警惕和不满。所以，年羹尧离京返回陕西后不久，雍正皇帝就把他调离陕西。雍正三年（1725 年）正月，雍正皇帝故意召见被年羹尧弹劾的代理四川巡抚一职的蔡珽，不仅不给蔡珽治罪，还起用他为左都御史，这是雍正皇帝对年羹尧翻脸的前兆。

这一年二月初二，天空出现了“日月合璧，五星连珠”的星象，太阳和月亮同时升起，金、木、水、火、土五星同时出现在天空的同一侧，古人认为这是吉祥的象征。年羹尧给雍正皇帝上了一份贺表，颂扬皇帝朝乾夕惕，意思是从早到晚都很勤奋谨慎，但他把“朝乾夕惕”写成“夕惕朝乾”了。

实际上，“朝乾夕惕”与“夕惕朝乾”在意思上并没有差别，但雍正皇帝抓住这件事大做文章，于雍正三年（1725 年）三月公开发出上谕，断定这是年羹尧自恃有功，对皇帝不敬，肯定是故意的。四月，命年羹尧交出抚远大将军印，调任杭州将军。年羹尧被调职后，内外官员更加看清了形势，墙倒众人推，各地的举报信纷纷而来。紧接着，雍正皇帝惩办年羹尧的一系列动作开始了。七月，雍正皇帝下令革除年羹尧的将军职务；九月，下令逮捕年羹尧。年羹尧的妹妹年贵妃曾为他求情，但没有被雍正皇帝接受，年贵妃随即突然死去；十二月，年羹尧被押解到北京，判定他大逆、欺罔、僭越、贪黩等 92 条罪行，勒令他自己结束生命。

隆科多和年羹尧同时挨整，但隆科多死在年羹尧后面。隆科多当时身兼很多职务，他便利用这一有利条件，对官员的任命和派遣加以干涉，并结党营私，雍正皇帝对此十分恼火。可是，隆科多不像年羹尧那么张扬，在觉察到雍正皇帝的不满后便有所防备，主动辞去步军统领的官职。但是，他还是被雍正皇帝看成是和年羹尧一样植党揽权的奸臣。

雍正四年（1726 年），雍正皇帝命隆科多戴罪立功，前往西北主持划分喀尔喀蒙古和准噶尔蒙古的游牧地界，之后同前来的俄国使臣谈判两国的疆界。雍正五年（1727 年），隆科多和俄国使臣的谈判正在进行中，朝廷里却揭露出隆科多私藏玉牒底本的事情，雍正皇帝立即召回隆科多。

玉牒，是皇家的族谱，是绝密文件，隆科多私藏玉牒底本，犯了大不敬之罪。隆科多奏称：“白帝城受命之日，即死期将至之时。”言外之意是，只有我知道康熙皇帝遗诏的秘密，所以我要被置于死地。这使得雍正皇帝怒不可遏，抓住玉牒这件事大做文章。雍正五年（1727 年）十月，判隆科多 41 条罪行，把他永远囚禁在畅春园附近。雍正六年（1728 年），隆科多死去。

雍正皇帝给了年羹尧和隆科多过多的荣宠，是自作孽；而年羹尧和隆科多知进不知退，知显不知隐，是自酿祸。在皇权时代，皇帝和臣子想做千古君臣知遇的榜样，恐怕是痴人说梦啊。

# 雍正皇帝最喜欢的十三弟

雍正皇帝与十三弟的关系到底有多好？

雍正皇帝一共有 34 个兄弟，其中他最喜欢的是十三弟允祥。

允祥的生母章佳氏死得早，品级也不高，是康熙皇帝身边一位普通的妃子。允祥在康熙皇帝的儿子里排行十三，在皇子们争夺皇太子之位最激烈的那十几年里，他至少表面上没有被卷进去。在康熙皇帝去世当天，他和其他6位皇子一起，到父亲的病床前看望父亲。

## 治国的得力助手

雍正皇帝继位以后，任命了 4 位总理事务大臣：允禩、允祥、马齐和隆科多。允禩本来是雍正皇帝最大的政敌，但雍正皇帝却让他进了自己的“核心班子”。这并不是笼络他，而是为了束缚他，所以他们后来很快就翻脸了。马齐在康熙朝就是武英殿大学士，算是朝臣的代表。隆科多则是因为他有传达遗嘱之功。而在这 4 人中，只有允祥最受雍正皇帝的信任和倚重。后来，雍正皇帝回忆起登基之初的往事时也说：“唯独允祥挺然独立，镇静沉着，刚直方正。”

雍正皇帝非常信任允祥，并逐渐扩大允祥的权力范围。我在前面提过，雍正皇帝在朝廷特设了一个专门的衙门，叫会考府，负责清查中央各部的财政家底。会考府由 4 人共同负责，其中就有允祥。后来，雍正皇帝又让允祥主管户部，总理户部的 3 个库房，重点负责国家财政。允祥在雍正皇帝的支持下，开源节流，理财得当，越发受到雍正皇帝的肯定。

雍正七年（1729 年），为了方便皇帝随时召见大臣商议军政大事，并能保守军事机密，雍正皇帝设立了军机房，还任命允祥为军机大臣，负责西北用兵的后勤供应。实际上，早在筹备设立军机房这件大事的时候，允祥就已经参与了。雍正七年（1729 年）年初，为了处理紧急军务，考虑到内阁在太和门外，离养心殿太远，雍正皇帝就在养心殿南面的一排平房，设立了军需房，让允祥、大学士张廷玉等人在那里值班。军需房后来改名为军机房，到了雍正十年（1732 年），又改名为军机处。

军机处设首席军机大臣 1 人，军机大臣无定员，在内阁大学士、六部尚书、侍郎里挑选。军机处下面设军机章京，后来规定满员 16 人、汉员 20 人，共 36 人。军机章京的值班房在军机处的南面。每天寅时，军机大臣和军机章京就上班了；辰时，雍正皇帝就开始召见军机大臣。军机处主管重大机密事务，负责把皇帝批过的奏折密封后交给兵部，传递到当事官员的手里，没有中间环节，一竿子插到底。而且军机处是一个可以流动的机构，皇帝走到哪里，军机处就跟到哪里。由此可见，在军机处任职的允祥得到了雍正皇帝的充分信任。

雍正三年（1725 年）十二月，允祥受命总管北京周边地区的水利。允祥追根溯源，详细调查北京地区各条河流的走向，然后提出“疏导”的总体思路，即疏浚河道，筑坝引水，疏解每条河流的水流。允祥不仅着眼于治理河水，而且还着眼于开田耕种，设官员管理治河腾出来的荒地，招募农民耕种。第二年，允祥又提出把北京周边地区的水利工作划分成 4 个局，分别由当地的官员进行管理，这就使治水的工作可以常态化，也有人为此负责。允祥的这些建议，都得到了雍正皇帝的采纳。

除了负责这些要事、大事，允祥还充当了雍正皇帝的大管家和侍卫长的角色，管理侍卫队，管理皇子事务、陵寝事务，管理养心殿的物品等。他忠心耿耿，样样都安排得很妥帖。雍正皇帝夸奖说：“宫中府中，事无巨细，都是允祥一人筹划料理，没有一件事不符合我的心意。”

允祥不仅为雍正皇帝办了不少实事，也为雍正皇帝荐贤举能，并进一步为雍正皇帝缓和了兄弟关系。雍正皇帝继位之初，觉得十七弟允礼是八弟允禩党派的人，就罚他去守陵寝。允祥上奏说：“允礼居心端正，是位忠君亲上、深明大义的人，可以重用。”雍正皇帝就封允礼为果郡王，命他管理朝廷治理少数民族的最高权力机构——理藩院。渐渐地，雍正皇帝在接触中了解到，允礼一心为国，操守清廉，就让他享受亲王的待遇，晋封他为果亲王。后来，允礼掌管工部、户部、宗人府[1]等机构，成了雍正皇帝的得力干将。

①掌管皇族事务的部门。

## “千古君臣兄弟”的典范

允祥所做之事，让雍正皇帝确实看到了允祥出众的工作能力，以及他的苦心，君臣、兄弟之间的关系也更加牢固。雍正四年（1726 年）七月，雍正皇帝亲笔写下 8 个字，做成匾额赐给允祥，这 8 个字是“忠敬诚直勤慎廉明”。雍正皇帝还亲自解释了这 8 个字：“忠，是公而忘私，视国事如家事，能代我劳，不烦我心。敬，是小心兢业，没有丝毫的懈怠疏忽。诚，是赤胆忠心，无欺无伪。直，是直言无隐，表里如一。勤，是克己奉公，日夜不懈。慎，是从不放纵，从不泄密。廉，是清白高洁，一尘不染。明，是明事理、知利弊、辨好坏。”他还说，在朝廷大臣里，能做到“忠勤慎明”的人不少，而具备“敬诚直廉”的人是很少的。

雍正皇帝在感情上和允祥也比较亲近，给了允祥不少恩宠和荣耀。有一年，允祥快过生日了，雍正皇帝命人代他拟诗作寿，还要求诗要表达出允祥赤心为国、至诚待我、廉洁正直，上苍自然会垂佑他，给他赐福、赐寿，以及君臣兄弟要永远吉祥的意思。雍正八年（1730 年）五月，允祥生病了，雍正皇帝出钱为他祈祷；允祥病危，雍正皇帝亲自去探视；允祥病逝，雍正皇帝亲自前去奠祭，还准其配享太庙，准许将他名字中的“允”字恢复成“胤”字，并赐谥号“贤”，甚至还破例把之前写的“忠敬诚直勤慎廉明”都放在谥号之前。

不仅如此，雍正皇帝对允祥的家人也给予了充分的体贴和照顾。比如，让允祥的儿子弘晓承袭亲王爵位，封允祥的另一个儿子弘皎为宁郡王。允祥还有一个儿子弘暾（tūn）因为早早病死并未受封，但雍正皇帝准许他按照贝勒的殡葬待遇下葬。可以看出，雍正皇帝对允祥及其家属都十分宠眷，这是很少见的。

## 谦虚谨慎，深得君心

雍正皇帝和允祥既是兄弟，也是君臣。允祥能博得雍正皇帝的信任和喜欢，到底凭借什么？雍正皇帝最看重允祥的是什么呢？

其实，这是因为允祥从不居功自傲，极其谦逊，克制自己的欲望。而且雍正皇帝对他越好，他就越谦虚谨慎。举两个例子。雍正皇帝继位不久，便给允祥封了亲王，赐给他 23 万两银子。因为他自己当年被封亲王的时候，父亲就赐给了这么多。但是允祥谦虚地多次辞谢，最后只接受了 13 万两银子。此外，因为允祥有功，雍正皇帝还加封给他一个郡王，让他从几个儿子里任选一个儿子来受封，但允祥坚决不接受。直到他死后，雍正皇帝才把这个爵位封给他的儿子。

联想到我前面介绍过的隆科多、年羹尧，他们都曾经得到雍正皇帝的眷宠和信任，但和允祥不同，他们得志后便猖狂起来，所以最后都没有好结果。而雍正皇帝赐予允祥“忠敬诚直勤慎廉明”8个字，也确实客观反映了允祥一生为人处世的基本面貌，这才是为臣之道。

# 迷信祥瑞的雍正皇帝

为什么雍正朝的祥瑞特别多？

什么是“祥瑞”？中国的古人把美丽的云彩、灵芝、凤凰、麒麟等不常见的或想象中的自然现象、植物和动物，当作吉祥的兆头，这就是祥瑞。古代的帝王们常常把这些当作一种标志，证明出现了太平盛世，或者象征着自己政治清明。雍正皇帝就特别迷信这些，所以他做皇帝的 13 年中，所谓的祥瑞层出不穷，发生了不少可笑的故事。

## 瑞谷丰收，风调雨顺

雍正皇帝刚刚继位的时候，有人奏报说："江南、山东出产的麦、谷，大多双穗。四川的黍米，出现了一棵苗长四个穗的现象，这都是被皇上的圣德感召的，请让史官记录下来。"雍正皇帝居然同意了。从此，各地就纷纷奏报，这里发现瑞谷了，那里发现嘉禾了。开始是奏报每棵苗长2个穗、4个穗，后来就越报越离奇了。

雍正二年（1724年），就有大学士奏报说："皇上亲自在丰泽园耕种的稻田，不仅有多穗稻，而且穗长超过一尺。"雍正五年（1727年），河南总督田文镜也奏报："河南产的谷子，有的一棵长了十五个谷穗。"雍正皇帝听了很高兴，表扬他说："这是田文镜忠诚任事、感召上天的表现。"雍正七年（1729年），贵州巡抚张广泗奏报："稻谷每穗有四五百粒，甚至有的能达到七百粒，粟米每穗二尺多长。"他还把这种吉祥的谷子画下来，将图连同谷子一起进呈给雍正皇帝。

当时，雍正皇帝正在贵州实行"改土归流"，革除原来的土司制度，也就是废除原先朝廷在民族地区设立地方政权的制度，改成朝廷任命官员去管理，所以当地的这种瑞谷也被看成是改革的成果。雍正皇帝命宫廷画师重新绘制张广泗献上的《瑞谷图》，再进行木刻印制，赐给各省的督抚[1] 观看。

这已经不是雍正皇帝第一次命人绘制《瑞谷图》了。雍正五年（1727 年）全国大丰收，雍正皇帝就曾命宫廷画师、意大利传教士郎世宁，画了一幅《瑞谷图》，发给各省的总督、巡抚，还表示："我不是夸张，这是祥瑞啊！"这幅《瑞谷图》，左面画了 5 个大谷穗，黄灿灿的，籽粒饱满，右面端端正正地抄写了雍正皇帝的谕旨："今年我令各省都实行耕藉（jí）之礼，为百姓祈求丰收，结果风调雨顺，获得大丰收，各地都产出嘉禾，尤其是我在北京先农坛耕种的藉田，一棵谷子长出双穗到十三穗，还有我在丰泽园种的水稻，每棵双穗到四穗。你们看到这图，要修养道德，勤政爱民。"

我在这里解释一下耕藉之礼。中国古代有个历史传统，皇帝要有一块藉田，就是民间俗话说的"一亩三分地"。每年春天皇帝要举行一个亲自耕种的典礼，目的是表明皇帝重视农民和农业。明清两代皇帝的藉田在先农坛，雍正皇帝在位的 13 年间，先后 12 次去先农坛举行耕藉礼，祭祀农神。虽然雍正皇帝极为重视农耕，但用祥瑞来稳定社会、振奋精神，着实是有些自欺欺人了。

①即总督、巡抚，指地方行政长官。

## 黄河清，圣人出

雍正皇帝特别看重的祥瑞，还有一种叫作“黄河清”。中国有句谚语，叫“黄河清，圣人出”。黄河是中国的母亲河，因为流经黄土高原，沿途卷入了大量的黄沙，所以黄河中下游的河水是黄色的、浑浊的。古人就有一个愿望，希望出现一个好皇帝，能够带来河清海晏的好日子。换句话说，如果黄河的水清了，就预示着出现了圣明的好皇帝。当然，这只不过是人们的美好愿望而已。

雍正四年（1726 年）十二月上旬到第二年的年初，黄河中下游河段出现了水清的现象，河水清澈见底，就连凿出来的冰化成水以后都是清的。沿河地区的河道总督、漕运总督、河南巡抚、山东巡抚、陕西巡抚等官员，纷纷奏报黄河水清。雍正皇帝接到奏报表示受宠若惊，他赶紧派出高官到安葬康熙皇帝的景陵，向死去的父亲报告这个好消息；又派官员祭祀黄河河神，感谢河神的保佑和赐予；还提拔了一批官员，要和官员们分享上天的恩赐。不仅如此，雍正皇帝还命河道总督齐苏勒在江南清口（今江苏省淮安市境内）建立一座“御制黄河澄清碑”，还亲笔写下《河清颂》，命人刻在石碑上，借感谢河神，给自己表功。

实际上，虽然当时人们对黄河的认识有很大的局限性，但是古人也已经逐渐了解到在黄河中下游，河水过一段时间就会出现水清的现象。历史上有名的亡国之君宋徽宗当政的时候，也出现过黄河清的现象，但是并没有改变北宋被金攻灭，宋徽宗和儿子宋钦宗被俘虏的命运。可见这是一种自然现象，跟圣明天子没有关系。

## 五彩祥云，天下太平

雍正皇帝还喜欢祥云，当时叫作“卿云”或者“庆云”，祥云似乎总是跟随着他。雍正皇帝继位的前几天，天气阴霾惨淡，然而，到举行登基典礼时，天气忽然晴朗，红日中天。等到第三天，空中就出现了祥云。雍正皇帝送他生母的灵柩到遵化景陵的时候，祥云又出现了。甚至有一次，他在天坛举行祈谷祭天的典礼，刚刚结束就又看到了祥云。

雍正六年（1728年），云贵总督鄂尔泰上奏折报告：“皇上生日这一天，云南四府三县都出现了五色祥云，光灿捧日，到第二天还更加绚烂。”雍正皇帝得到这个奏报，特别高兴。为什么呢？相传舜要将首领之位传给大禹的时候，和身边的人一起唱歌：“卿云烂兮，纠缦缦兮，日月光华，旦复旦兮。”意思是祥云灿烂如霞光，红光普照一片祥和，日月的光芒照耀，每天都会再现这种辉煌的场景。这段描述，表现出天下

太平的气象。不仅如此，鄂尔泰在奏折中还引用了《孝经》里的“天子孝，则庆云现”，意思是说云南出现祥云，是因为皇上的大孝感动了上天。因为鄂尔泰把祥云和天子的孝顺联系在一起，使他这次的奏报不同寻常，雍正皇帝大肆封赏，为云贵地区的官员加官晋爵。

雍正皇帝之所以重视这件事，是因为在这之前刚刚出现一个叫曾静的人，指责雍正皇帝有谋父、逼母、弑兄、屠弟等十大罪行，是个大逆不孝的人。所以这时候出现祥云，又把祥云和雍正皇帝的大孝联系在一起，正是雍正皇帝求之不得的。所谓的祥云，也就被他用来作为政治斗争的工具。

接着，各地的祥云奏报纷至沓来。同年，代理山东巡抚的岳濬奏报，曲阜孔庙正在修缮，在大成殿上梁的前两天，祥云出现在了上空。大喜的雍正皇帝下令增加了第二年会试的录取名额，从 226 人加至 400 人。山西巡抚石麟也奏报，说保德州（今山西省忻州市保德县）的人发现祥云捧日，外绕三环，光华四射。又奏报临晋县（今山西省运城市临猗县）祥云丽日，五色缤纷，霞光万丈。雍正皇帝认为这是山西民风淳朴的结果，应该给予奖赏。当时他为了激励百姓种地，下令可以将这些努力干活儿的百姓册封为八品官员。于是他下令在提拔山西官员的基础上，山西的各个州县可以再多报一个老农，赏给八品官员的顶戴。奏报、奖励，再奏报、再奖励，年年有祥云，处处现祥云，好一番吉祥的景象。

雍正皇帝这么喜欢所谓的祥瑞，就是要借用这些自然现象，编织出一个太平盛世的景象，为自己表功。已经君临天下的皇帝，还要这样“刷存在感”，也是不多见的。他的儿子乾隆皇帝继位后，就取消了献祥瑞这种做法。

# 弘历的身世之谜

熹贵妃究竟有什么秘密？

雍正皇帝的皇后和妃嫔一共有 8 位，到他去世的时候，除去早逝的儿子，他一共有 4 个皇子。其中，皇三子弘时的母亲是齐妃李氏，皇四子弘历的母亲是熹贵妃钮祜禄氏，皇五子弘昼的母亲是裕妃耿氏，皇六子弘瞻的母亲是谦嫔刘氏。

其中，最受到后人关注的，是熹贵妃钮祜禄氏。她于康熙五十年（1711 年）生下儿子弘历，雍正元年（1723 年）被封为熹妃；又因为儿子弘历被秘密确定为皇位继承人，晋封为熹贵妃。后来，弘历做了皇帝，也就是乾隆皇帝，她因此被封为皇太后。可见，熹贵妃是典型的母凭子贵，沾了儿子的光。

## 海宁陈家

可是，偏偏就有人专门拿熹贵妃和她儿子弘历的关系说事。目前流传最广的一个说法，是说弘历是浙江海宁陈阁老的儿子，他被陈家人带到胤禛的王府后，被胤禛用自己的女儿调包，弘历这才成了胤禛的儿子。所以，熹贵妃并不是弘历的生母。

那么，陈阁老是何许人也呢？这还得从海宁这个地方说起。它在清朝是杭州府的一个滨海小县，因为可以观赏到气势磅礴的海潮而闻名。这里有一个“海宁陈家”。根据《庸闲斋笔记》一书中的记载，陈家的始祖高谅，曾游学到海宁，有一天不小心掉到河里，被一个卖豆腐的店主救了上来。这位救命恩人叫陈明遇，老而无子，就把女儿嫁给高谅，高谅就成了陈明遇的上门女婿。后来，陈明遇的女儿生下儿子，儿子就随了陈姓。这就是海宁陈家的起源。海宁陈家有“一门三阁老，六部五尚书”的美称，子孙喜欢读书。明代万历朝的时候，海宁陈家就出了太常寺少卿、布政使等官员。到了清朝顺治、康熙、雍正年间，陈家又出了3位大学士。根据海宁陈家家谱的记载，300多年中考取举人、贡士、进士的有200多人，其中有几次还是父子、兄弟同时中榜。海宁陈家最有名的一个人，就是我在前面多次提到的陈世倌，他做过左副都御史、工部尚书、文渊阁大学士等官职，而陈世倌就是传说中的弘历的生父陈阁老。

关于弘历生父是陈阁老的传说是这样的。康熙年间，胤禛和陈世倌关系很好，两家各生下一个孩子，恰好是同年同月同日同时辰，胤禛非常高兴，命陈家把孩子抱来看看。可是等孩子被送回陈家以后，陈家发现自家的男孩竟然被换成胤禛家的女孩了。陈家不敢吭声，极力保密。不久，胤禛继位，特别提拔陈家的几个人做官。后来，弘历继位成为乾隆皇帝后，更是优待陈家，下江南的时候还专门去了海宁，当天就到陈家打听自己的身世。武侠小说作家金庸就是浙江海宁人，他从小就听说了有关乾隆皇帝的种种传闻，所写的第一部武侠小说《书剑恩仇录》，就是紧紧围绕着乾隆皇帝的身世之谜展开的。

但是关于这个传闻，清史学家已经论证清楚了，这件事根本就是子虚乌有。

乾隆皇帝6次下江南，的确到过几次海宁，但他是因为修建海塘工程的事情才去的，这里的海塘守卫着苏州、松江、杭州、嘉兴、湖州等几个全国非常富庶的地区。乾隆皇帝也的确4次住在陈家私园，还赐园名为“安澜园”，但这恰好借此表达了他祈盼海水安澜的愿望。而且，恐怕当时在海宁，也很难找到更体面的房子作为乾隆皇帝的行宫。

最重要的是，胤禛根本没必要用女儿去换别人的儿子。因为弘历出生的时候，胤禛的儿子弘时已经8岁了，格格[①]耿氏也快要生孩子了。况且当时的胤禛才34岁，正值最佳的生育时期，完全没必要去换别人的儿子。

所以，这个怀疑熹贵妃不是弘历生母的理由，其实只是一个生动的传说，并不是事实。

## 山庄草房

但是，架不住还是有人拿熹贵妃和她儿子弘历的关系说事，这次他们又换了另一个说法。

① 清朝王公贵胄之女及亲王家的低阶侍妾被称为“格格”。

在承德避暑山庄的西北门旁边，有一处园子叫“狮子园”，是当年康熙皇帝赐给胤禛的。其中有3间朴素的茅草房，在一片殿堂轩馆和亭台楼阁中显得与众不同。胤禛继位后还亲笔写下“草房”的匾额。弘历小时候在这里读书，后来做了皇帝，他每次去避暑山庄的时候，几乎都会来到草房，还写过几十首《草房》诗。

于是，有人就传弘历当年就出生在这草房里，他的母亲是一位姓李的汉人宫女，所以雍正和乾隆两代皇帝才对这里这么有感情。这样，弘历的生母就不是熹贵妃了，他的出生地也不在胤禛的王府了。

其实，皇家的出生人口登记制度是非常严格的。皇家的子女出生后，负责的官员于每年正月初十前造册报送到宗人府，后改为3个月报送一次。上报的时候，要写明子女出生的年、月、日、时，生母的姓氏等信息，然后由宗人府登记造册，也就是玉牒。

顺治年间规定，玉牒每10年修一次。每次纂修玉牒前，宗人府都要提请皇帝的恩准，由宗人府的负责人、满汉大学士、礼部尚书和侍郎、内阁学士等人，充当正、副总裁官，把登记造册的资料汇入玉牒。如果有歧义，要由皇帝来裁断。玉牒保存在皇史宬（chéng），也就是皇家档案馆，位置在皇宫东侧，现在的南池子大街南段的路东处。整座建筑由大块的石头砌筑，没有房梁、柱子，也没有木头构件。存放玉牒和其他档案的柜子，全部是用樟木打造的，外面还包裹着铜皮或铁皮。这是沿用了古代“金匮石室”的传统，目的是防火、防潮、防虫、防霉。皇史宬的建造都如此周密，皇史宬的防卫更是重中之重。

玉牒中记载，熹贵妃的父亲叫凌柱，是一位四品典仪官。熹贵妃于康熙五十年（1711 年）八月十三，在雍亲王府生下了弘历。也就是说，熹贵妃是在胤禛的王府里生下了弘历，她是弘历的生母。至于海宁陈家、草房李宫女的传说，是改变不了这个事实的。

## 身份存疑

按理说，熹贵妃的情况在玉牒中记录得很清楚，应当是板上钉钉的，但是，事情又有了变化。清朝灭亡后，一份被收藏在内阁大库的清朝档案被历史学家们注意到了。

雍正元年（1723 年）十二月十四奉上谕：“遵太后圣母谕旨……格格钱氏封为熹妃。”这份档案中明明白白地写着，被封为熹妃的不是格格钮祜禄氏，而是格格钱氏。难道熹妃有两个姓氏？可是按照清宫的规制，皇妃的封号只能有一个，不能有重名。所以熹妃在清朝只能有一人，格格钱氏与格格钮祜禄氏只能是同一个人。

这份清宫档案是第一手资料，比较可信，这说明弘历的母亲熹贵妃本来姓钱，后来被改姓钮祜禄。但是为什么要改呢？弘历被雍正皇帝秘密立为接班人后，需要一个高贵纯正的满洲血统。由此推断，钱氏很有可能是被满洲镶黄旗四品典仪官凌柱认作了干女儿，改姓钮祜禄，以此来为儿子弘历提升血统，而这恐怕才是熹贵妃最大的秘密。

所以，也难怪总有人拿熹贵妃和儿子弘历的关系说事。但熹贵妃还是笑到了最后，儿子极为孝顺，让她成为清朝最高寿、最有福气的皇太后。

# 雍正皇帝之死

雍正皇帝正值盛年为何突然去世？

## 圆明园理政

我在前面提到过，古代皇帝的活动范围是非常受限的，而康熙皇帝曾多次出宫，可见他并不愿意拘泥于深居宫苑的生活和理政方式。后来，由于政事繁忙，过于劳累，康熙皇帝曾生过一场重病；病后他外出巡游时，偶然来到了明朝建造的私家园林清华园，被那里的环境吸引，这让他产生了居园理政、修养身心的想法。后来，康熙皇帝在清华园的废址上修建了畅春园（今北京大学西门外）。

康熙四十六年（1707 年），康熙皇帝在畅春园附近，赐给皇子们各自的私家园林。其中，赐给胤禛的就是圆明园。

雍正皇帝继位后，延续康熙皇帝“居园理政”的模式，下令对圆明园进行全面扩建。之后，圆明园不仅是雍正皇帝休憩、游览的地方，也成了朝会大臣、接见外国使节、处理日常政务的重要场所。

雍正十三年（1735 年）八月二十一，刚过完中秋节没几天，雍正皇帝病了。但是似乎没有大碍，他照常办公，该接见人就接见人，该下谕旨就下谕旨。大学士张廷玉也和往常一样，每天都被他召见。但是到第二天夜里，张廷玉刚刚睡下，忽然被紧急宣召，他赶紧穿好衣裳，赶到圆明园。西南门有三四个皇帝身边的太监等在那里，见到张廷玉，就把他带到皇帝的寝宫。这时张廷玉才知道雍正皇帝病危，又惊又怕。大学士鄂尔泰，领侍卫内大臣丰盛额、讷亲以及内大臣户部侍郎海望等人也都急忙赶到，皇四子弘历、皇五子弘昼，皇十六弟允禄和皇十七弟允礼，一起到雍正皇帝的御榻前请安，然后出来，等候在台阶下。八月二十三日子时（今 23 时～ 1 时），病了 2 天的雍正皇帝就去世了。

## 身亡之谜

雍正皇帝突然去世，官方编纂的史书里又不写明其中的原因，于是就引起了种种猜测和传说。再加上本来人们对雍正皇帝就颇有微词，所以就谣传他最后不得好死。其中流传最广的说法，是说他被吕四娘刺杀了。

吕四娘是什么人呢？传说吕四娘是吕留良的孙女，当年雍正皇帝大兴文字狱，故意从文中抠字眼儿，虚构罪名，吕留良一家也因此受到迫害。甚至所有受到吕留良牵连的人，比如刻书的人、收藏书的人、交往的人、学生等，都受到了残酷的处罚。传说吕四娘和母亲、仆人逃出，吕四娘为了报仇而习武，后来入宫杀了雍正皇帝。当然这只是个传说。

## 痴迷丹药

还有一种猜测，说雍正皇帝死于中毒，而且是吃丹药中毒而死的。但是因为这种事情属于宫廷秘密，很难找到过硬的史料来证明，所以只能通过平时的一些蛛丝马迹来分析。

雍正皇帝确实对道家的丹药很感兴趣，他还是雍亲王的时候，就对丹药很熟悉，也很喜欢，认为炼丹是吉祥的事情。后来，雍正皇帝开始服用丹药，而且十分依赖。他平时喜欢吃一种丹药，叫“既济丹”，曾经赐给鄂尔泰吃，鄂尔泰吃了1个月后奏报说：“大有功效。”还说用人参汤服送也很好。雍正皇帝知道了很受用，还把既济丹赐给田文镜，说自己正在服用它，没有间断，又说这种药是专门补元气的，让田文镜放心大胆地服用。

雍正七年（1729年）的冬天，52岁的雍正皇帝生了一场大病，病了大约1年半的时间，几乎让他丧了命，直到雍正九年（1731年）夏秋之际，他的身体才好了起来。这次病情的症状是寒热不定、饮食失常、睡眠不安，下颏还长些疙瘩，到底是什么病谁也说不清楚。

雍正八年（1730年）六月，雍正皇帝居然安排后事了。他召见了允禄、允礼、弘历、弘昼，以及大学士、内大臣等人，当面说了遗诏。九月，他又把已经亲自写好传位密旨这件事，告诉了他最信任的张廷玉。可见，雍正皇帝已经感觉到死神在向自己招手了。

这场病在雍正八年（1730年）夏秋之际最为严重，除了服用丹药，雍正皇帝还迫切地向田文镜、李卫、鄂尔泰等心腹督抚秘密发出谕旨，要求向他推荐好医生。浙江总督李卫秘密推荐了河南道士贾士芳，雍正皇帝就命田文镜把这位道士送到北京。贾道士给雍正皇帝治病的方法，是一边口诵经咒，一边用手按摩。开始很见效，可没过多久，雍正皇帝觉得自己被贾士芳精神控制，就宣布他是妖人左道，要用妖术控制和危害自己的健康，下令把他处死。但即便如此，雍正皇帝还是相信道士，也并没有停止服用丹药。

直到雍正九年（1731 年）的秋天以后，雍正皇帝的身体才康复了。这场病是怎样治好的始终也没弄明白，但现代医学告诉我们，他的病绝对不是吃丹药治好的。

雍正皇帝自此更加迷恋吃丹药保健，生病了求助于道士，4 年之后驾崩西去了。雍正皇帝死后才 2 天，刚刚继位的乾隆皇帝就下令驱逐道士张太虚、王定乾。虽然乾隆皇帝在谕旨里说，自己从来没听先帝说起过丹药，先帝也从没用过丹药，但他刚刚继位，百务待理，竟然把驱逐道士当作一件十分重要的事情。这种种迹象，使人不得不怀疑雍正皇帝的突然离世跟吃丹药有关。

# “正大光明”匾

这块匾的背后究竟有什么秘密？

小朋友如果有机会到故宫参观乾清宫，在正殿门口一眼就会看到，皇帝宝座后上方悬挂着一块金字匾额，匾额上有4个大字——正大光明。

“正大光明”是一个成语，它的意思是说，做人做事、为官为政、从学从商、做农做工，都要慎言慎行，修身修心，言行正派，胸襟开阔，这是自古以来人们的共同理念和美好愿景。这块“正大光明”匾是清朝顺治皇帝题写的，但是他绝对想不到，他的孙子雍正皇帝让这块匾承担了另外一个历史使命，留下了许多历史故事。这是怎么回事呢？

## 秘密立储制度

雍正皇帝目睹了父亲康熙皇帝一生为了选定皇位继承人而呕心沥血，两立两废皇太子，留下终生的遗憾。而康熙皇帝生前并没有明立储君，弥留之际立下的遗诏也并没有实物留存，因此，雍正皇帝被人质疑篡改遗诏。雍正皇帝没有按照符合传统准则、制度所规定的方式继承皇位，从而更加激化了兄弟之间的矛盾，加剧了政治动荡。所以他当了皇帝以后，马上就着手考虑皇位继承的问题。

接班人选谁呢？雍正皇帝继位时，皇后乌喇那拉氏生下的嫡子，也就是他的皇长子已经死去。所以，想立嫡子也没有嫡子可立。由于没有了嫡子，雍正皇帝决定选优。雍正元年（1723 年），他的皇子有 4 位：皇三子弘时 20 岁，母亲是齐妃李氏；皇四子弘历 13 岁，母亲是熹妃钮祜禄氏；皇五子弘昼 13 岁，母亲是裕嫔耿氏；皇八子福惠 3 岁，母亲是贵妃年氏。

4 个皇子相比较的话，皇四子弘历聪明、好学，各方面都比较优秀。另外还有一个重要原因，让雍正皇帝更倾心于弘历，那就是他的父亲康熙皇帝对弘历这个皇孙极其喜爱。

圆明园里有一处建筑叫“镂月开云”，原名“牡丹台”，以种植牡丹而著名，康熙皇帝曾经多次光临牡丹台。康熙六十一年（1722 年）三月二十五，天上下着细雨，康熙皇帝在那里第一次见到 12 岁的皇孙弘历，成就了“康雍乾”三朝天子共赏牡丹的历史佳话。康熙皇帝见弘历聪睿俊秀又好学，十分喜爱，于是特地传旨把弘历召进皇宫，亲自培养。康熙皇帝深谋远虑，也许这时就把选取储君候选人的目光投向了胤禛和弘历父子。

所以，弘历是这些皇子里唯一曾经生活在康熙皇帝身边并受到他亲自教诲的，这不仅让康熙皇帝晚年享受到了天伦之乐，也有利于他的父亲胤禛和康熙皇帝进行情感交流，为父亲继承皇位提供了一些有利的条件。可以说，弘历是给雍正皇帝带来福气的皇子。

接班人选好后，雍正皇帝在谕旨上亲笔写下接班人弘历的名字，将谕旨放进一个锦盒里，再把锦盒锁上。都准备好了以后，雍正元年（1723 年）八月十七的巳时，雍正皇帝在乾清宫的西暖阁，召见总理事务王大臣、满汉文武大臣、六部尚书、都御史、大理寺卿和通政使，当面宣布了一道重要谕旨：“为了长治久安，要建立储君。储君的人选由我全权决定，我已经写好密旨，并将密旨装进盒子，密封起来，放在了乾清宫的最高处，‘正大光明’匾额的后面。这份密旨也许要存放几十年，希望各位大臣都知道这件事。”

雍正皇帝最后说的这句话，意味着这份密旨要到他临终之前再公布。在此之前，储君的人选是绝对保密的，但雍正皇帝已经立储这件事要公开，以此起到巩固人心的作用。宣布完了以后，雍正皇帝让其他官员退下，把几位总理事务王大臣留下来，亲眼见证那个重要又神秘的锦盒被存放在“正大光明”匾额的后面。

雍正皇帝实行的秘密立储制度，简单来说，就是由皇帝在生前确定皇位继承人，但是不公开宣布人选，以防万一。这个制度的好处是可以做到“三避免”：避免皇太子骄傲，避免朝臣结党，避免骨肉相残。但它也有一个很大的缺陷，那就是这个皇位继承人的选择，是由皇帝独自决定的，如果选人不当，就会铸成大错。

## 储位落空，郁郁而终

雍正皇帝选定的接班人是谁呢？大家都在暗自猜测，其中有一个人对这个储君之位非常期待，他就是皇三子弘时。弘时比弘历大 7 岁，母亲李氏在雍亲王府就是侧福晋，地位

正大光明
表正萬邦慎厥身修思永
惟精惟一道

比弘历的母亲要高。在弘历出生之前，胤禛只剩下弘时这一个儿子。雍正皇帝宣布立储君的时候，弘时 20 岁，已经结婚生子，所以他对储位有期待也是正常的。但是，仅仅 3 个月以后，他就受到一次沉重的打击。在康熙皇帝周年忌日之时，雍正皇帝派弘历前往康熙皇帝的陵墓景陵祭祀。大家都明白，这次祭陵非同一般，这很可能就是派未来的皇帝去告慰地下的康熙皇帝，表示皇位已经后继有人。对雍正皇帝这一举措最为敏感的弘时已经十分沮丧，没想到 1 年后，弘历第二次被派往景陵祭祀，这让弘时的梦想彻底破灭。他怨恨父亲，嫉妒皇弟，昏了头。本来弘时就跟皇八叔允禩一伙走得近，这下就更近了。

其实，原先雍正皇帝跟弘时是比较亲近的。雍正皇帝从雍亲王府搬到皇宫的时候，按理说弘时已经成家，应该在宫外分府居住，但雍正皇帝让弘时一家一起搬进宫里居住，还给他请来最好的老师。

雍正三年（1725 年）秋冬之际，雍正皇帝开始严厉打击反对派，跟八弟允禩等人公开对立，弘时本来性格就很率直，这下跟父亲的关系彻底破裂了。雍正四年（1726 年）年初，雍正皇帝把八弟允禩、九弟允禟等人从玉牒里除名，也就是不承认他们是家人了。二月，雍正皇帝把弘时赶出皇宫，公开表示和弘时的父子之情已经断绝，勒令他做允禩的儿子，弘时还是不以为意。紧接着，雍正皇帝又下令把弘时也从玉牒里除名了，将他交给自己的十二弟允祹抚养。清朝的皇子皇孙全靠高贵的身份生活，身份没有了，收入来源也就断了。所以，弘时受到政治的、经济的、亲情的沉重打击，仅仅 1 年多以后就郁郁而终。

## 稳坐江山

由于雍正皇帝经常在圆明园居住，他怕自己出事时身边没有密旨会生事端，所以除了“正大光明”匾后面的锦盒之外，雍正皇帝又另外写了一份相同的立储密旨，用黄纸牢牢地封起来，背后写上一个“封”字，让身边的总管太监保管。雍正八年（1730 年）九月，雍正皇帝病重的时候，把这份备用密旨的事情秘密告诉了张廷玉，又在雍正十年（1732 年）正月，向鄂尔泰、张廷玉做了说明。

雍正十三年（1735 年）八月二十三子时，雍正皇帝在圆明园去世，鄂尔泰和张廷玉向允禄、允礼等人说：“如今确定皇帝的继位人选是最紧急的事，先帝曾告诉我二人，他有密旨，现在应赶紧请出。”大家都表示同意。但总管太监说不知道有这份密旨，更不知道放在哪里。张廷玉说：“外面用黄纸封牢，背后写个‘封’字的就是。”于是大家终于找出了这份密旨，由张廷玉在灯下宣读，弘历大哭之后受命，随即令允禄、允礼、鄂尔泰、张廷玉辅政，然后护送雍正皇帝的灵柩返回乾清宫。寅时，弘历一行人来到乾清宫，4位辅政大臣一起见证，内侍从高高的“正大光明”匾后面，取出12年前雍正皇帝亲手锁上的锦盒，打开锦盒，取出密旨，内容和圆明园的那份一样。

两份密旨，互为印证，确保了弘历顺利登上皇帝的宝座，也避免了政局动荡、骨肉相残的历史重演。弘历继位后，也遵循秘密立储的方式选定储君，后来嘉庆、道光皇帝也都采用了这个方法，减少了政治混乱，有利于政局的稳定。

# 最幸运的皇子

弘历为什么能够脱颖而出？

康熙五十年（1711 年）八月十三的子时，雍亲王府里传出婴儿的哭声，雍亲王胤禛的格格钱氏，也就是我在前面讲过的熹贵妃，生下了一个健康的男孩子。算起来，这个婴儿应该是胤禛的第五个儿子了，但是，他的 4 个哥哥已经死了

3 个，只剩下了比他大 7 岁的三哥弘时。所以，这个婴儿的出生，让胤禛格外高兴，给他取名为弘历。弘历就是后来的乾隆皇帝。

## 祖父康熙皇帝的宠爱

弘历长相端正又聪明伶俐，记忆力非常好，6 岁就开始读书了。在启蒙阶段，他的老师是满洲镶白旗人福敏。福敏在翰林院做官，性格刚直，对弘历要求严格。在福敏的教导下，弘历用功读书，不仅学习了汉文、满文，还熟读了《诗经》《尚书》《礼记》《易经》《春秋》等儒家经典。天资聪颖、善学爱思的弘历，各门功课都非常优秀，很快就在众皇孙中脱颖而出。

康熙六十一年（1722 年）是弘历的幸运之年。三月，他在父亲胤禛被赐的园林圆明园，第一次见到了祖父康熙皇帝，随后被祖父带回了皇宫生活。当时，康熙皇帝已经被接班人的事情折腾得够呛，见到弘历后发现，这个皇孙聪明伶俐、十分可爱，所以特别喜欢，也特别高兴。幸运的弘历从雍亲王府住进了皇宫，日日陪伴祖父，深得祖父的疼爱。康熙皇帝不仅经常把自己的御膳赏给爱孙弘历吃，带他散步，对他关怀备至，还亲自指导他读书学习，帮助他提升各方面的技能，让他的眼界开阔了许多。

有一次，康熙皇帝让弘历背诵宋朝周敦颐创作的《爱莲说》，背完后又让他解读。弘历凭借着长期的学习积累，对祖父提出的问题对答如流，康熙皇帝非常满意，高兴地夸奖了这位勤勉的皇孙。

为了让爱孙得到更好、更全面的培养，康熙皇帝还安排弘历跟皇二十一子胤禧学习射箭，跟皇十六子胤禄学习如何使用火器，比如枪、炮等。胤禧是弘历的皇叔，但只比弘历大半岁多，不仅箭射得好，而且能吟诗作画。胤禄也是弘历的皇叔，比弘历大 16 岁，当时掌管内务府。胤禄不仅精通火器的使用，而且精通数学和乐律。这两位年轻的皇叔既可以与弘历做伴，又可以帮助弘历学习。勤奋的弘历在这样的氛围中，各方面的技能都进步得很快。

学习了骑射、火器使用的弘历也曾跟随祖父去木兰围场打猎。有一天，康熙皇帝命侍卫射倒一头熊，然后命弘历再射。不料弘历刚上马，受伤的熊就突然扑过来。康熙皇帝急忙补射一枪，这才将熊打死，及时救下弘历。这件事让所有人都惊出一身冷汗，但弘历临危不惧，一点儿也没有慌张，康熙皇帝见状十分欣慰。回到营帐以后，康熙皇帝对和妃瓜尔佳氏说：“这孩子的命贵重，有福气。”

康熙皇帝越来越疼爱聪明好学、恭谨稳重的弘历了。康熙六十一年（1722 年）的秋天，弘历跟随康熙皇帝来到承德避暑山庄，被安排在万壑松风生活、读书。万壑松风的主殿建在山岗上，坐南朝北，面朝湖水，周围是松树林。一日，弘历正在读书，忽然听见有人在叫自己，出门一看，湖边的晴碧亭旁停泊着祖父的御舟，祖父正在御舟上呼唤自己。少年弘历一边答应着，一边从高高的山岗上跑下来，遇到岩石，他就跳起来跃过。康熙皇帝连声高喊："慢点儿，别摔着！"弘历就这样又跑又跳地登上了祖父的御舟。祖孙二人深厚的感情可见一斑。

那一年，弘历还在康熙皇帝的带领下和父母重逢了。我在前面提过，胤禛在避暑山庄旁边有个住处，叫"狮子园"，弘历从小就经常跟着父亲来这里避暑。这天，康熙皇帝带着弘历来到狮子园，让弘历见到了父母。也是这一次，康熙皇帝夸赞了弘历的生母钱格格，说她是个有福之人。不过，胤禛、钱格格的福气，与儿子弘历息息相关。弘历备受康熙皇帝的宠爱，对于康熙皇帝选择皇位的继承人起到了至关重要的作用，为父亲胤禛继承皇位提供了一些有利的条件。可以说，弘历是给后来的雍正皇帝和熹贵妃带来福气的皇子。

只可惜，弘历跟祖父在一起的时间太短了。康熙六十一年（1722 年）十一月十三，康熙皇帝去世，弘历的父亲胤禛继承了皇位，12 岁的弘历成了皇子。

## 父亲雍正皇帝的看重

雍正元年（1723 年）也是弘历的幸运之年。正月，雍正皇帝第一次举行大祀的典礼，祭祀天地、宗庙等。结束之后，雍正皇帝把弘历召到养心殿，赐给了他一块祭肉。按照满洲的习俗，吃上一块祭祀用过的肉，就意味着接受了老天和祖宗赐给的福气，由此可见，雍正皇帝对弘历极为看重。

为了培养弘历，刚刚继位的雍正皇帝安排为弘历正式举行拜师礼，开始进入书房读书。弘历的老师是翰林院掌院学士朱轼，还有徐元梦、蔡世远等人。学习的地点在懋（mào）勤殿，就在乾清宫西侧，与乾清宫和尚书房在一个大庭院里。几位老师各有专长，给弘历讲儒家经典、历史、人生修养等。其中，徐元梦还曾做过弘历的祖父康熙皇帝、父亲雍正皇帝的老师，学问功底十分深厚，我将在后面的故事中，带你详细地了解他。

还是在这一年，八月十七的巳时，雍正皇帝在乾清宫的西暖阁向大臣们宣布，他已经选好了接班人。正如我在前面提到的那样，雍正皇帝在总理事务王大臣等人的见证下，把写着接班人名字的谕旨放入锦盒，又把锦盒放在了“正大光明”匾的后面。当时除了雍正皇帝以外，谁都不知道那个接班人就是弘历。

## 接班人弘历的抱负

雍正皇帝对弘历寄予了殷切的期望，但弘历并没有因此骄傲放纵。他不骄不躁，奋发上进，是个有志气的少年，20岁就从自己写的诗词和文章中挑选出一部分，编辑了一部自己的文集《乐善堂文钞》。

乐善堂是弘历在皇宫里的书房，雍正皇帝曾亲笔为他在此地题写匾额“乐善堂”。这个书房位于乾西二所，具体在什么位置呢？在东、西六宫的北侧，各有一排整齐的院落，东边的叫作“乾东五所”，西边的叫作“乾西五所”，一共10个院落，作为皇子们居住的地方。父亲做了皇帝以后，弘历就住进了乾西二所。

《乐善堂文钞》体现了弘历的理念、抱负、情趣和心境，也展现了他的才华。弘历请14个人为文集作序，其中有皇十六叔允禄、皇十七叔允礼、皇二十一叔允禧，以及大学士鄂尔泰、张廷玉、朱轼，还有弟弟弘昼等人，这些人的序言自然是一片赞扬。

雍正十一年（1733年），23岁的弘历被封为宝亲王。2年后，雍正皇帝去世。雍正十三年（1735年）九月初三黎明，太和门广场布置了皇帝的仪仗，弘历身穿素服向雍正皇帝的灵柩行九拜礼。然后更换礼服，奉崇庆皇太后，也就是前面提到的熹贵妃到永寿宫行九拜礼。接着，到中和殿接受内大臣等官员的行拜。最后，他来到太和殿登上皇帝的宝座，接受亲王以及文武百官、朝鲜等国使臣的朝拜，并颁诏天下，以第二年为乾隆元年，开启了长达60年的乾隆年代。

弘历是幸运的，甚至可以说他是清朝最幸运的皇子。但他的幸运，不仅来自那个时代，来自康熙和雍正两位皇帝的悉心教导和培养，更来自他自身的努力。弘历不辜负长辈对他的期望，始终脚踏实地地学习技能与知识，修养身心，并且能够抓住可贵的机会，展现自己的才华。弘历的成功，天时、地利、人和，缺一不可。

# 天子之师难当

## 谁曾做过『康雍乾』三位皇帝的老师？

上文中我讲过，雍正皇帝有意培养弘历，对弘历的学习十分重视，给弘历请的老师都是学识渊博之人，其中有一位名叫徐元梦。这个人可不平凡，先后做过“康雍乾”三位皇帝的老师，也曾有过几次死里逃生的经历。

## 学力深厚

徐元梦比康熙皇帝小 1 岁，别看他有一个汉人的名字，其实他是满洲正白旗人。徐元梦出生的时候，正值清朝定都北京之初，是一个由“弓马驰骋”向“以文治国”过渡的时期，许多满洲人还陶醉在以军功立业的梦中。虽然徐元梦是满洲人，但他早早就认识到了文化的重要性，是清朝以文治国的先行者之一。康熙十二年（1673 年），19 岁的徐元梦就已经考中了进士，不过，他没有沉醉在官场中，而是选择继续认真读书。他精读儒家经典，很快就做了日讲起居注官，也就是给皇帝进行日讲、记录皇帝言行起居的重要官员；不久又升为侍讲，成了给康熙皇帝讲课的老师。

徐元梦学术成就尤为突出的是，能够做到满文、蒙古文和汉文样样精通。额尔德尼和噶盖创立满文，达海改进满文，而徐元梦则是在满文研究和翻译领域成就最高的人。

## 两次惹怒康熙皇帝

徐元梦学力深厚，讲课效果很好，颇有名气。除了给康熙皇帝讲课，徐元梦还受命在尚书房教皇子们读书。后来，雍正皇帝、乾隆皇帝以及一批亲王，也都曾经是徐元梦的学生。

给皇帝或皇子做老师，哪里会是容易的事？徐元梦是一位正直的人，但他的为官之路并不顺利，也曾历经劫难，这主要发生在康熙皇帝当政的时候。

有一次，康熙皇帝召集身边的大学士等官员在乾清宫作文赋诗，进行考试，徐元梦也参加了。刚出完题目，康熙皇帝就提出问题，与徐元梦进行交流，结果导致徐元梦没有在规定时间内答完考卷。康熙皇帝因此对他不满意，幸亏皇太子胤礽的老师汤斌在旁边极力说情，他才过了这一关。不久后，徐元梦仍然受命给皇子们当老师。

还有一次，康熙皇帝在西苑的瀛台考查皇子们的射箭水平，他命徐元梦也射箭。当时射箭用的弓分为力大、力中、力小等级别，徐元梦是文人，可以弯弓射箭，但拉不开强弓，可康熙皇帝偏偏指着一张强弓让他用。徐元梦只好推辞，康熙皇帝不高兴了，当场谴责徐元梦，徐元梦就解释、辩白，却令康熙皇帝更加生气，命侍卫用鞭子狠狠地抽他，还下令抄他的家，流放他的父母。当天夜里回宫之后，康熙皇帝的气消了，略有反思，就派御医到徐元梦家给他疗伤。第二天，他命徐元梦照常给皇子们讲课。徐元梦乞求道："请求皇帝赦免臣的父母。"当时他的父母已经在被流放的路上了，康熙皇帝就派人把他的父母追回来了。

徐元梦经受如此沉重的打击后，仍然身心平静，潜心读书，谆谆教书，一如既往。

## 逃过生死之劫

但徐元梦的磨难并没有结束。那时，由于徐元梦的学问越做越深，学术能力越来越强，地位越来越高，影响也越来越大，当朝重臣明珠就想把徐元梦笼络到自己的门下。但徐元梦一点儿也不领情，甚至一次也没登过明珠府的大门。明珠怒火中烧，就编造和传播流言蜚语，中伤徐元梦。

有一位官员叫德格勒，当时因为得罪了明珠，遭到了弹劾。徐元梦和德格勒志趣相投，关系很好，弹劾的人就扯上了徐元梦，说徐元梦和德格勒是同谋。结果，两人因此被罢了官，判了死刑。康熙皇帝考虑到徐元梦有才能，不久就免去了徐元梦的死罪，让他戴枷 3 个月，抽他 100 鞭子，到辛者库去做苦役，也就是去皇宫、王公府第等地做苦差事。过了几年，康熙皇帝慢慢察觉出徐元梦的忠诚，就恢复了他在尚书房的职位，让他继续教皇子们读书。而明珠在徐元梦下狱的这一年，因拉帮结派、排除异己被罢了官，许多依附他的官员也受到牵连。

经过这些事，康熙皇帝更加信任徐元梦，让他做了浙江巡抚，还给他在浙江修复的旧书院赐匾“浙水敷文”。后来，徐元梦被调回北京，又被任命为工部尚书兼翰林院掌院学士。

## 继续勤恳教书

徐元梦也是雍正皇帝做皇子时候的老师。雍正皇帝继位以后，没有忘记这位老师，除了让他做弘历等皇子的老师，还任命他做代理大学士兼代理左都御史、户部尚书，并担任编纂《明史》的主编。

乾隆皇帝继位以后，让徐元梦参与编修《八旗满洲氏族通谱》，而且仍然让他在尚书房教皇子们读书。徐元梦 80 多岁还在朝廷任职，虽年事已高却仍然勤勤恳恳、孜孜不倦。乾隆皇帝评价说："徐元梦这辈子踏踏实实的，言行相符，先后服务于三朝皇帝，出入皇宫，小心谨慎，数十年如一日，寿命超过耄耋，实在是个完人啊！"

徐元梦年老生病后，乾隆皇帝派皇长子永璜去他家里探视慰问。徐元梦病危，乾隆皇帝又派人问他有什么话要说。徐元梦流着眼泪说："臣受恩太重，心里想说的话，用嘴说也说不完！"他让曾孙取来《论语》，看了很久。第二天病故，年寿 87 岁。

徐元梦一辈子历经顺治、康熙、雍正、乾隆四朝，做过"康雍乾"三位皇帝的老师。他的一生告诉人们：人生的功名成就，既要有天时地利，更要有坚韧忠谨；既要在顺境中不骄不躁，也要在逆境中保持自己的本性。

# 内阁大堂及其背后的人与事

清朝大学士的办公条件怎么样？

前面多次讲过清朝大学士的故事，那么，大学士在皇宫里有没有办公室呢？答案是：有，而且他们的办公室我们现在还可以看得到。

## 简陋的内阁大堂

大学士的办公室叫作“内阁大堂”，也被称为“大学士堂”。进了午门以后，广场东侧有一座大门，叫作“协和门”。出了协和门继续往东走，路的北侧有一组建筑，是文华殿；路的南侧有一个小院，就是内阁大堂院。进了小院就会发现，这里跟高大巍峨、金碧辉煌的午门、太和殿，甚至对面的文华殿，都形成了强烈的反差，显得那么狭窄、那么低矮、那么简陋，甚至有一些寒酸。院内有一座正堂，坐北朝南，共 3 间。为什么会有 3 间呢？因为清代内阁的文件有满文、汉文和蒙古文 3 种文本，所以内阁有与之相对应的 3 套机构，都集中在这个小院办公。其中，西侧是蒙古堂，东南侧是汉本堂，西南侧是满本堂。虽然这些办公室的建筑面积各不相同，但办公条件都比较简陋。

小院东侧是内阁大库，收藏了大量的满文、汉文、蒙古文档案。随着历史的变迁，这些档案也多次辗转。光绪二十四年（1898 年），内务府修缮内阁大库时，认为一部分档案年代久远没有价值，准备焚毁。考古学家罗振玉及时保护了这批档案，并把一部分档案装成8000个麻袋存放了起来。后来这批档案几经流落，在北洋政府统治时期，甚至被当作废纸卖给了纸店。后经几次转手，归为国家档案。新中国成立后，剩余的部分档案得以整理，目前整理成卷的档案就存放于中国第一历史档案馆中。这就是所谓的“八千麻袋事件”。

## 内阁变迁

在内阁大堂上班的大学士，又叫“内阁大学士”。清朝沿用明朝的内阁制度，即把内阁作为国家的最高行政机关，但在清朝的不同时期，内阁的实际权力有所变化。早期，内阁的权力受到议政王大臣会议的限制。后来议政王大臣会议的权力逐渐扩大，有时他们做出的决策连皇帝也无法更改。为了削弱他们的权力，加强皇权，康熙皇帝设立了南书房，协助他处理国家大事。雍正皇帝则设立军机处，使其成为新的权力中枢，此后皇帝的诏令很多都由军机处发出。虽然整体来看，内阁的权力始终受到其他机构的限制，但是在整个清朝时期，皇帝正式的诏书都是由内阁写出草稿的，官员的正式奏疏也是递交给奏事处后转呈给皇帝，具体处置时内阁也参与，所以内阁仍然是名义上正式的宰相机构。雍正八年（1730 年）后，大学士的官位都是正一品，但是官名前面都要加上“殿”或“阁”的头衔。到乾隆年间，这些官职分别为：保和殿大学士、文华殿大学士、武英殿大学士、文渊阁大学士、东阁大学士、体仁阁大学士。

在内阁大堂上班的官员，除了大学士以外，还有学士、侍读学士、侍读、典籍、中书等，主要负责上奏疏、校对、盖章、起草、翻译、誊抄等工作。按照编制，人数近200人。但是以现在的眼光看内阁大堂，如此简陋寒酸的地方，怎么也容不下这么多人在这里上班。可见，堂堂大学士在皇帝面前，在君权之下，也只不过是个臣子！

## 父子清官

清朝有一个有趣的现象，有几对父子先后做了大学士，在内阁大堂办公。比如“康雍”时期的张英和张廷玉父子，“雍乾”时期的刘统勋和刘墉父子，“咸光”时期的翁心存和翁同龢（hé）父子，他们被俗称为“父子宰相”。其中刘统勋和刘墉父子广为人知，在许多历史影视剧中也出现过他们的身影。

刘统勋是山东诸城人，父亲刘棨（qǐ）官至四川布政使，是位高官。刘统勋天资聪颖，自幼苦学，考中进士以后，在南书房、尚书房任职，进入为皇权服务的核心圈层，不久任都察院左都御史。在这个职位上，他因为弹劾大学士张廷玉和尚书讷亲而出名。

刘统勋在奏疏里写道，大学士张廷玉在顺治、康熙、雍正三朝做官，受到重用，但是应当始终保持谨慎，以保晚节。外界反映，张家和张廷玉的妻子姚家本来就是安徽桐城的大家族，现在子孙通过各种途径进入仕途，而且越来越多，非常容易滋长贪婪之心。所以刘统勋建议从现在起 3 年内，没有皇帝特旨提拔任用，这两家的官员一概停止提拔或调动。目的是防止张廷玉骄傲，同时也可以解除朝廷对他们的猜忌，从而保全和造就这些人。

刘统勋还上奏疏说，讷亲这么年轻就兼管重要的吏、户两部，皇上总会听取他的意见，还经常召见他，可见皇上对他的重用。但是讷亲对工作的担当不够，也缺乏“怀谦集益之道”，就是缺乏虚心听取别人意见的态度。所以刘统勋请求乾隆皇帝批评讷亲，削减他的权力。

张廷玉是什么人？他的父亲张英是康熙朝的大学士，他自己在雍正朝做过保和殿大学士、首席军机大臣，还是乾隆皇帝刚继位时的辅政大臣。

讷亲是什么人？他的曾祖父是清朝开国元勋额亦都，他的祖父遏必隆做过康熙皇帝的辅政大臣，他的父亲尹德做过都统和领侍卫内大臣，他的姑姑钮祜禄氏是康熙皇帝的第二任皇后。

由此可见，张廷玉和讷亲的出身多么显赫！他们在朝中的地位多么重要！可刘统勋却有这样的胆量，对他们的不当之处直言不讳。

乾隆皇帝明白，刘统勋写的都是事实，他也是出于公心才大胆弹劾的。当时，乾隆皇帝正想培养一批亲信大臣，逐渐替代父亲雍正皇帝给自己安排的张廷玉等老臣，刘统勋的奏疏恰如一场及时雨。乾隆皇帝接到奏疏后立即发了一份上谕，首先肯定了两位重臣，说："张廷玉、讷亲如果真的擅作威福，刘统勋一定不敢上这份奏疏。刘统勋的奏疏正说明了他们并没有钳制其他官员，这是国家的好事啊！"接着，乾隆皇帝也借机敲打他们："大臣任大责重，要闻过则喜。"意思是说，他们作为朝廷重臣责任重大，要感谢有人指出他们的过错，并虚心改正。最后，乾隆皇帝答复刘统勋说："张廷玉因为家族人多，所以进入仕途的也多，提醒一下对张廷玉有好处。讷亲做事也许有协调不得当的地方，我会经常教诲他，令他不要自满。"接着，就命刘统勋把这份奏疏向上朝的大臣们公布了。

刘统勋作为都察院左都御史，敢于弹劾当朝处尊居显的大学士和尚书，说明他是一个正直、勇敢的人。后来，刘统勋做了东阁大学士，兼管礼部和兵部，深得乾隆皇帝的信任。

乾隆三十八年（1773 年）十一月的一天早晨，天还黑着，刘统勋乘着轿子来皇宫上早朝。轿子走到东华门外，侍卫和轿夫忽然觉得轿子往一侧歪，掀开帷帘，发现刘统勋已经断气了。乾隆皇帝闻讯后派工部尚书福隆安带药前往，但为时已晚。刘统勋去世后，乾隆皇帝亲自到他家里祭奠，看见他的家里极其朴素，十分感动。回宫路经乾清门时，乾隆皇帝流着眼泪对大臣们说："我失去了一位股肱之臣！刘统勋不愧为真宰相。"

刘统勋的儿子刘墉与他父亲一样，也是一位青史留名的官员。他和清朝第一大贪官和珅一同在朝为官，能把握分寸，不与贪官同流合污，后来被嘉庆皇帝任命为体仁阁大学士。

内阁大库中厚重的档案记载着清朝发展变迁的历史，从刘统勋和刘墉父子的故事可以看出，内阁大堂是大学士个人浮沉和家族兴衰的见证。

# 神秘的浴德堂

浴德堂是做什么用的？

我在前面介绍过，康熙十九年（1680 年），康熙皇帝下令在武英殿设立修书处，武英殿成了宫廷修书、印书的地方，相当于皇家的出版社和印刷厂。武英殿是一座独立的院落，正殿武英殿和后殿敬思殿由一条穿廊连接起来，形成一个“工”字形的建筑布局。我在这里要重点介绍的是，在这个“工”字形建筑布局的西北角，有一座奇特而神秘的建筑，名叫“浴德堂”。

## 建造目的成谜

浴德堂的前面是殿堂，体量不大，面阔三间，殿堂后墙上开了一个拱形门，门里面通着一个高大的券洞[①]，沿着券洞就来到了浴德堂的大浴室。是的，就是你所理解的洗澡堂。这间浴室长宽都是 4 米，面积有 16 平方米，地面和墙面都铺着乳白色的琉璃砖，屋顶是圆形穹顶，正中还开了一个直径 0.6 米的通风采光口。既然是浴室，应该有热水吧？没错，在浴室北墙外面有一个灶屋，屋里有烧水的大铜锅，铜锅连着水槽，水槽又连着一口水井。井水打上来以后，倒进水槽就可以直接流进铜锅，水烧热以后，再通过铜管流入浴室。你可能不禁要问：武英殿后面怎么会有浴室呢？谁会在这里洗澡呢？

专家们经过研究认为，这座穹顶建筑是在元大都皇宫中建造的，所以具有元朝建筑的风格。明朝设计规划皇宫的时候，特意把这个浴室保留了下来。为什么呢？专家们认为，因为中国古代宫殿建筑有“左庖（páo）右湢（bì）[②]”的礼

① 指桥梁、门窗等建筑物上方的拱形部分。

② 这里的“庖”指厨房，“湢”指浴室。

仪规制，意思是古代帝王居住的地方两旁必有厨房和浴室。太和殿东侧的文华殿有大庖井，太和殿西侧的武英殿有浴德堂，就正好符合这个礼仪规制。所以，大庖井和浴德堂是一种古代礼仪的象征。

浴德堂不仅蕴含着我国古代深远的礼仪文化，它的名字也是有着深刻含义的。“浴德”出自《礼记·儒行》中的“儒有澡身而浴德”，就是说读书人要像清洗身体那样让自己的德行高洁。这个名字就把这座建筑从古代礼仪的象征，上升到了道德修养的高度。

为什么我说浴德堂是奇特而神秘的建筑呢？有专家认为，既然浴德堂是元朝皇宫的建筑，也许当时建造的时候，目的就是用来洗澡的。但是这种说法至今还没有查到依据。而在清朝，统治者下令在武英殿办起了皇家出版社和印刷厂，把这个浴室也利用了起来，在这里用芸香熏蒸纸张，认为这样做可以防虫，让纸张得以完整保留的时间更长。至于浴德堂的真正功能，尽管当时在浴德堂有不少工作多年的官员，也没有留下任何的文献记载。

## 从戴罪文人到内阁学士

虽然浴德堂真正的功能还不得而知，不过，在这里我可以介绍一个与浴德堂相关的人。清朝著名的学者方苞，曾经担任武英殿修书的主编，他的办公室就在浴德堂。在这里勤奋修书的他，见证了这个地方的历史和繁荣。

方苞本来乡试、会试都考中了，在北京准备参加殿试，但就在这时，他的母亲病了，他不得不返回家乡照顾母亲。所以，他错过了考中进士的机会，这是他的终身遗憾。尽管如此，他的学问非常好，特别是古文的功底很深，是有些名气的。

方苞进入仕途也经历了一番波折。方苞的同乡戴名世写了一本《南山集》，请他写了序言。不料，《南山集》犯了忌讳，戴名世被治罪处死，方苞也因此受到牵连，被卷入了这桩文字狱案件，差点儿被处死。好在他声名卓著，文字为天下人所崇尚，所以有官员为他求情。正好康熙皇帝想找个精通古文的人才，方苞就这样得到推荐，死里逃生，被召入了南书房。后来，方苞以布衣的身份做了武英殿的修书主编，来到浴德堂办公。

雍正皇帝继位后也很赏识方苞，提拔他做了内阁学士。乾隆皇帝继位后，再次令方苞到南书房。方苞奉乾隆皇帝之命，选编了明清时期文史大家的文章，加上自己的评论，编成《钦定四书文》，共 41 卷，颁布全国，作为给读书人看的科举范文。

方苞还被任命做“三礼馆”的副主编，负责编订《周礼》《礼记》《仪礼》这三部儒家著作。至此，方苞的事业达到了顶峰。但是，方苞的厄运接踵而来。

方苞有个好朋友名叫魏廷珍，是康熙、雍正两朝的老臣，雍正皇帝死后，乾隆皇帝派魏廷珍看守先帝雍正皇帝的泰陵。方苞在北京没有房子，就借住在魏家。一天，乾隆皇帝召见方苞谈话，方苞趁机推荐魏廷珍。乾隆皇帝经过思考，打算让魏廷珍做左都御史。但是乾隆皇帝的谕命还没下达，方苞就搬到了北京城外。乾隆皇帝怀疑，方苞在暗示魏廷珍马上就要获得重用，泄露了朝廷机密，因此对方苞很不满意。

但这件事刚刚结束，又发生了一件事情，更加降低了乾隆皇帝对方苞的信任。

方苞负责庶吉士散馆的考试时，有一位名叫吴乔龄的考生迟到了，方苞就申请给吴乔龄提供补考的机会。乾隆皇帝起了疑心，派人调查，结果发现方苞近期就住在吴乔龄的家里。所以，乾隆皇帝认为方苞以权谋私，断不可用。时年 72 岁的方苞因此被一撸到底，只剩下在武英殿修书的工作。

乾隆七年（1742 年），方苞以年老多病为由辞官还乡。他回家以后讲学授徒，著文赋诗，虽然少了些官场热闹，却多了些文化成果。作为桐城人的方苞和同乡刘大櫆（kuí）、姚鼐（nài）等人开创了“桐城派”，这是清代文坛上最大的散文流派，影响广泛而深远。如今在安徽桐城，仍有桐城派的遗迹和佳话。

# 远归的大雁

## 土尔扈特部为什么冒险东归？

当初，清朝凭借骁勇善战的八旗骑兵入主中原，统一天下，所以，清朝皇帝认为骑射是国家长治久安的根本，把骑马射箭当作安国传家的技能。为了锻炼自己的军队，让八旗子弟不要忘记看家本领，康熙皇帝下令在塞外营建起木兰围场。经常在夏天去避暑山庄消夏办公的康熙、乾隆等皇帝，也常去木兰围场打猎练兵。几番修建后，木兰围场有 72 围，也就是有 72 个小猎场，其中有一个叫“伊绵峪”。

乾隆三十六年（1771 年）九月初八，伊绵峪秋高气爽，旌旗猎猎，人们喜气洋洋。有什么喜庆的事情呢？原来，蒙古土尔扈特部的首领渥巴锡一行人从新疆伊犁来了。乾隆皇帝首先用蒙古语问候渥巴锡等人，渥巴锡喜出望外，深情地诉说了对祖国多年来的思念。乾隆皇帝详细询问了土尔扈特部的情况，表示要给予妥善安置。

土尔扈特部发生了什么事呢？说来话长。

## 脱离控制，回归祖国

明朝末年，中国北方的蒙古分为 3 大部：漠南的蒙古、漠北的喀尔喀蒙古和漠西的厄鲁特蒙古。游牧在青海、新疆一带的厄鲁特蒙古又分为和硕特、准噶尔、杜尔伯特和土尔扈特 4 部。后来，准噶尔部日益强大，四处攻扰邻部，土尔扈特部也陷入战乱之中。为了重获安宁的生活，土尔扈特部 5 万户人离开故乡，从世代生息的贝加尔湖一带，向西迁徙到伏尔加河下游的草原上，在那里建起了新的家园。虽然土尔扈特人就像是远飞的大雁，但他们始终没有忘记自己的祖国与故乡。他们曾派出使团绕过西伯利亚，到北京觐见康熙皇帝。祖国也没有忘记他们，康熙皇帝曾经派遣图理琛、殷扎纳等人组成的使团前往伏尔加河，慰问远离祖国的土尔扈特部，使团得到了以阿玉奇为首的土尔扈特部人民的热情欢迎和款待。

但土尔扈特部人民的生活仍不太平。随着沙俄势力的逐渐强大，土尔扈特部受到越来越严酷的控制和欺压：牧民的牧场被抢夺；男子被强行征兵打仗，还要对沙皇称臣；汗位继承制度被干预；甚至首领渥巴锡的儿子，要被送到沙俄的首都彼得堡做人质……这个时候，土尔扈特部已经离开祖国 100 多年了，首领也已经传承了 6 代，但是土尔扈特部人民对祖国的认同感和归属感一直都埋藏在心底，他们一直期待着有一天能够免遭压迫，重回故乡。在备受欺凌的处境中，这种情感越发强烈。终于，以渥巴锡为首的土尔扈特部统治上层密商决计武装起义，脱离沙俄的黑暗统治，重返祖国。

## 艰难的东归之路

乾隆三十五年（1770 年）十二月，土尔扈特部的人民袭击了俄军驻渥巴锡大帐的军营，焚毁了俄军的帐篷和船只，遗弃了不能带走的粮食和财物。渥巴锡率领部族老小 3

万多户近 17 万人，驱赶着驼队、羊群，踏上了东归之路。在长达 7 个月的长途跋涉中，他们不仅要在冰天雪地里走过崎岖的道路，还要应对俄军的围追堵截。土尔扈特部的男女老少拖家带口，克服了难以想象的艰难险阻，付出了巨大的代价。乾隆三十六年（1771 年）六月，土尔扈特部的众人终于踏上了清朝的国土，来到了伊犁河畔。他们风尘满面，面容枯槁，衣不蔽体，鞋靴全无，出发时的近 17 万人只剩下 7 万多人。他们就像是飞越万里归来的大雁，终于回到了故乡。

这时，沙俄提出，不能接受土尔扈特部进入大清的国境，乾隆皇帝命人回复沙皇，土尔扈特部投奔大清实属诚心归附。沙皇威胁说："如果不把土尔扈特部的人交出来，就要发动战争。"乾隆皇帝毫不妥协，回复道："你们要追击捉拿他们，可以在沙俄的境内进行，我们绝不干预，但是他们已经进入我界，那么你们不得任意在我界内追逐。如果你们不听，我们必与你们交战！"看到清朝的态度如此强硬，沙皇权衡利弊后也就不了了之了。

六月初五，土尔扈特部的前锋和前来相迎的清军相遇，第二天渥巴锡等人就直接奔赴伊犁。这时，清朝已经把西域改名为新疆，设伊犁将军统辖新疆所有的军政事务。六月十三，渥巴锡等人到达伊犁将军伊勒图所在的惠远城（今新疆维吾尔自治区伊犁哈萨克自治州霍城县境内），会见参赞大臣舒赫德。六月二十五，渥巴锡等人在伊勒图的陪同下，前往避暑山庄朝觐乾隆皇帝。途中，他们接到朝廷 600 里加急送来的敕书。原来，乾隆皇帝考虑到当时正是暑天，是天花高发的时候，而渥巴锡等人都没有得过天花，所以让他们九月中旬到凉爽的避暑山庄见面。于是，渥巴锡等人取道甘肃、陕西、山西等地，在九月初八到达木兰围场伊绵峪。

## 高规格接待，妥善安置

为了迎接风尘仆仆的渥巴锡一行人，乾隆皇帝举行盛大的宴会款待他们，带着他们观看盛大的围猎场面，并下旨特封渥巴锡为卓哩克图汗[①]，其余的首领分别被封为亲王、郡王、贝勒、贝子等爵位。随后，众人前往避暑山庄。澹泊敬诚殿是避暑山庄的正殿，庄严壮丽，乾隆皇帝在这里举行了隆重的接见仪式。渥巴锡等人上殿谢恩，渥巴锡的堂侄策伯克多尔济还献上一匹骏马。乾隆皇帝很喜欢这匹马，给它起名儿“宝吉骝”，还命宫廷的西洋画师艾启蒙为这匹马画了

① 意为英武勇敢的汗。

一幅画，记录下这件事情。

这一年，正逢崇庆皇太后八十大寿，而去年是乾隆皇帝的六十大寿。为了祝寿，乾隆皇帝早在乾隆三十二年（1767 年）就下令仿照西藏的布达拉宫，在避暑山庄外建造了一座规模宏大的庙宇，取名叫“普陀宗乘”。

乾隆皇帝特地邀请渥巴锡一行人跟他一起参加普陀宗乘落成庆典，然后进入藏式山门，迎面就看见一座黄琉璃瓦覆顶的碑亭。碑亭里矗立着 3 座石碑，用汉、满、蒙、藏 4 种文字，刻着乾隆皇帝亲笔撰写的《普陀宗乘之庙碑记》《土尔扈特全部归顺记》《优恤土尔扈特部众记》，以此来纪念土尔扈特部东归这一重大历史事件。接着，他们来到万法归一殿，聆听高僧讲佛法。这个盛大的场面也被宫廷画师画了下来，渥巴锡更加体会到了故乡亲情的温暖。

后来，乾隆皇帝又在避暑山庄的澹泊敬诚殿，再次接见渥巴锡等人，还多次在万树园等地赐宴招待，特地安排了灯宴、观火戏等娱乐活动。

除了礼遇土尔扈特部的首领，清朝对万里归来的土尔扈特部人民也给予了妥善的安置，紧急动员新疆、甘肃、陕西、宁夏等地，筹集大量的物资，给他们提供帮助。朝廷还指派官员勘查水草丰美之地，把位于新疆的乌苏、科布多等地划分给土尔扈特部人做牧场。直到如今，新疆的巴音布鲁克草原上依然生活着土尔扈特部的后人。而土尔扈特部人在历史上书写的可歌可泣的爱国篇章，也被祖国各族人民永远铭记。

# 对富察皇后一片痴情的乾隆皇帝

富察皇后的结局如何？

中国封建帝王的婚姻大多是包办婚姻，又多妻妾多子，而且出于巩固统治地位的需要，以政治婚姻为主。那么，他们有没有可能享受到爱情的甜蜜呢？其实是有可能的。比如乾隆皇帝，他一辈子最爱的女人，应当是他的第一任皇后富察氏。

## 恭俭谦逊，夫妻和睦

富察氏比弘历小 1 岁，出生在满洲镶黄旗贵族的家庭中，她的曾祖父哈什屯是清朝的开国功臣，顺治时任内大臣、议政大臣；祖父米思翰是康熙皇帝的议政大臣和户部尚书；父亲李荣保是蒙古察哈尔总管，接连 3 代人都是高官。富察氏不仅出身高贵，还贤良淑德，深明大义。雍正五年（1727 年）七月，16 岁的富察氏被雍正皇帝选中，做了弘历的嫡福晋，也就是正妻。

富察氏和弘历刚结婚时的新房，就在皇宫西六宫北面的乾西二所。富察氏的娘家给她陪嫁了一对黄花梨木柜，这对木柜又叫顶箱立柜，柜子很宽，宽度甚至比柜子的高度还要长，足有 2.72 米。这样一来，富察氏的朝服、礼服就可以平放在里面，不用折叠。不仅如此，木柜的正面还用叶蜡石和螺钿等珍贵的材料，在贵重的黄花梨木上装饰了丰富的彩色图案：上面的图案是“三国故事”，中间是“万国来朝”，下面是“婴戏图”。柜子的图案活灵活现，吉祥可爱。这对木柜不仅实用美观，还给新房增添了喜庆，是弘历和富察氏感情深厚的见证物。

婚后的富察氏谦虚低调，她平常不戴珠翠首饰，而是以通草绒花为饰。她还做手工活，每年都会像清朝未入关时期的女子一样，用鹿羔的细皮绒做成荷包送给弘历，表示她不忘老祖宗的传统。她对弘历也很温柔周到，弘历继位后，有一次生病后需要静养 100 天，富察皇后就陪伴、伺候了他 100 天。

## 接连丧子

与弘历结婚 3 年后，富察氏生下了永琏，这虽然是弘历的第二个儿子，却是他的第一个嫡子，因此深得弘历的疼爱。到永琏 6 岁的时候，弘历继承了皇位，成了乾隆皇帝。乾隆元年（1736 年）七月，乾隆皇帝秘密选定嫡长子，也就是年仅 7 岁的永琏为皇储。按照父亲雍正皇帝当年的做法，乾隆皇帝亲笔写下谕旨，把它锁进一个锦盒里，然后，召集总理事务王大臣与九卿等人宣布已秘密立储，令总理事务王大臣亲眼看着宫里的总管太监，把这个锦盒放在乾清宫“正大光明”匾额的后面。

这件事寄托了乾隆皇帝的一个嫡子梦。按照中国古代的传统，皇帝选接班人遵循的原则是“有嫡立嫡，无嫡立长”。就是说，如果有皇后生的嫡子就优先立嫡子，没有的话就立长子。清朝皇帝入主北京皇宫以后，还没有一位皇帝是嫡子。康熙皇帝就有一个嫡子梦，但随着皇太子胤礽被废而破灭了。

雍正皇帝的皇后虽然生了一个嫡子，但不幸夭折，后面皇后再也没有生儿子，所以他根本就没有嫡子。而乾隆皇帝有了永琏这么一位聪明可爱的嫡子，把他立为接班人，相当于圆了从努尔哈赤到雍正皇帝5代皇帝的嫡子梦。

但是没有想到，乾隆三年（1738年）十月，9岁的永琏病死了。乾隆皇帝和富察皇后非常难过。乾隆皇帝告诉自己的皇十六叔允禄、皇五弟弘昼和军机大臣们："永琏虽然没有举行册立的典礼，但是我已经属意他做皇太子了！"他下令取出藏在"正大光明"匾后面锦盒里的谕旨，按照皇太子的规格为永琏举办了丧礼。

乾隆十一年（1746年）四月，35岁的富察皇后又生下一个儿子，也就是乾隆皇帝的第二位嫡子，取名叫永琮。乾隆皇帝又把接班人的希望寄托在永琮的身上，可是这孩子才2岁就因病夭折了。

## 悲痛欲绝，猝然长逝

接连两次丧子，这对乾隆皇帝和富察皇后无疑是莫大的打击。永琮去世的第二年刚过完正月，乾隆皇帝就开始东巡。考虑到37岁的富察皇后再次失去儿子，难免陷入悲痛中无法自拔，乾隆皇帝希望能让富察皇后散散心，就让她也随行。

二月下旬，东巡队伍到达山东曲阜，乾隆皇帝一行人拜祭了孔庙，几日后到达泰安，又登了泰山。三月初四回到济南时，富察皇后的身体有点儿不适，但无大碍，所以乾隆皇帝的巡游没有停下来。接下来，他们又游览了济南的趵突泉，观看阅兵，到舜庙行礼，到千佛山行香，还到了大明湖。富察皇后在大明湖休息了几天，已经觉得好多了。三月十一，乾隆皇帝一行人在德州的御舟上住宿，没想到夜里就传来噩耗，富察皇后竟然去世了。乾隆皇帝马上到崇庆皇太后的御舟上奏报，崇庆皇太后亲自查看，悲痛很久。这个时候，离永琮病死才过了不到 3 个月。

这段时间以来，富察皇后始终沉浸在伤心、心疼、怜惜、内疚的情绪里，身心遭到巨大的摧残。身为皇后，先后生下两个儿子，两个儿子却先后离去，富察皇后作为母亲，怎能不万分痛苦呢？乾隆皇帝本来是好心，东巡时把富察皇后带在身边，想要和她一起出去游览名胜，排解一下痛苦，可是没想到一同出发的爱妻，竟然是躺在棺材里回到北京的。作为丈夫，他自然是悲恸不已。不仅如此，对于乾隆皇帝来说，永琮和富察皇后的去世，也让他选嫡子做接班人的梦想再次破灭。这件事成了他心中的痛，和富察皇后一起游览过的济南，也成了他的伤心之地。后来，乾隆皇帝多次下江南，路过济南时都绕城而过，他的一首诗就体现了这种悲痛的心情：

四度济南不入城，恐防一入百悲生。

春三月昔分偏剧，十七年过恨未平。

乾隆皇帝写下这首诗时，距离富察皇后去世已经17年了，他路过济南时还这样深深地怀念她，可见他对富察皇后一片痴情。

乾隆十五年（1750年），乾隆皇帝册立乌喇那拉氏为皇后，这位皇后先后生下两个儿子——永璂、永璟。但是15年以后，这位皇后在下江南的途中，以剪去自己的头发来表达对乾隆皇帝的不满，第二年就去世了。因为她的缘故，嫡子永璂也失去了父亲的宠爱和信任，在25岁的时候郁郁而终，而永璟3岁就夭折了。

## 一生怀念

至此，乾隆皇帝选嫡子做接班人的梦想彻底破灭了。乾隆三十八年（1773年），乾隆皇帝已经63岁了，他再一次在谕旨上亲笔写下接班人的名字，密封在锦盒中，然后将锦盒藏在“正大光明”匾的后面，这件事只有军机大臣们知道。乾隆四十三年（1778年）九月二十一，乾隆皇帝公开宣布自己已经秘密立储，并且将在自己85岁，也就是在位60年的时候，提前退位。

这个时候，乾隆皇帝已经完全放弃了那个立嫡子为皇储的梦想。他究竟选了哪位皇子做接班人，还需要等待 17 年才能揭晓。而他和富察皇后结婚时居住的乾西二所早已进行了大改造，命名为“重华宫”。乾隆皇帝晚年为了追忆富察皇后，还曾令人按照自己与富察皇后一起生活时的原貌布置重华宫。他把青少年时期的日用品，富察皇后的遗物，祖父、父亲、母亲赐给的物品，都保存在重华宫里。这里的一桌一椅都藏着乾隆皇帝一生中最美好的、无法忘却的回忆。

可以说，富察皇后是不幸的，早早地香消玉殒，但同时她也是一个幸运的女人，得到了丈夫的真心，而且被丈夫终身怀念。

# 清朝最有福气的皇太后

崇庆皇太后的长寿秘诀是什么？

我在上文中讲到，乾隆皇帝曾经对嫡子孜孜以求，希望选一位嫡子做自己的接班人。但是，他自己其实也并不是嫡子。他的母亲不仅不是皇后，而且很多年都没有得到册封，直到生下他 12 年以后，才被封为皇妃，后来又被晋封为贵妃，也就是我前面提到的熹贵妃。即便如此，他的母亲却是清朝最有福气的皇太后。

## 母凭子贵

康熙六十一年（1722 年），在避暑山庄消夏的康熙皇帝带着皇孙弘历，来到皇四子胤禛的狮子园，胤禛和嫡福晋乌喇那拉氏恭迎圣驾。康熙皇帝此番前来，提出要见见弘历的生母钱格格。当他见到这位儿媳的时候，竟然忍不住夸奖儿媳是个“有福之人”。这一年，眼前的这位儿媳 31 岁。

康熙皇帝为什么这么说呢？有人猜这是康熙皇帝在暗示胤禛以后会借儿子弘历的光，继承皇位；也有人说康熙皇帝可能会看面相，钱格格宽额头、高鼻梁且身体健康，所以被认为有福相。当然，这些都只是后人的猜想罢了。不过，康熙皇帝的预言得到了印证，钱格格真的因为有了弘历这个儿子，享尽了天下的福气。

弘历的生母出身不高，在胤禛的府第中生活了很多年，也一直是个没什么地位的格格，在王府中是需要料理家务，干粗活儿、杂活儿的。后来，她为胤禛生下了一个儿子，就是弘历，但是并没有提高自己的地位。直到雍正皇帝登基以后，才被封为熹妃，后来又被晋封为熹贵妃。到她44岁的时候，丈夫去世，儿子继位，自己被尊为崇庆皇太后，真正享福的日子才到来了。

## 颐养天年

在清朝皇宫里皇太后住过的众多宫院中，慈宁宫具有较高的地位，当年康熙皇帝把祖母孝庄太皇太后奉养在这里。乾隆皇帝以祖父康熙皇帝为榜样，将慈宁宫西邻的寿康宫，作为母亲崇庆皇太后颐养天年的地方。崇庆皇太后在这里生活了 41 年。寿康宫正殿安放着一组屏风、宝座，无比奢华，采用了大量的珍稀材料，运用了多种工艺手法，比如紫檀雕刻、漆地描金、竹丝镶嵌、百宝嵌、玉雕、缂（kè）丝等，工艺卓绝又价值连城。最吸引人的，应该是宝座后面的屏风，是用缂丝工艺制作的，织出了蓝色的大海、美丽的仙岛、飞翔的仙鸟，组成了一幅“海屋添筹”的画面。缂丝成品很有立体感，而且正反两面的花纹和色彩是一样的，需要使用专门的缂丝机来制作，当时的江宁织造专门为宫廷制作这种工艺品。

“海屋添筹”是一个传说。传说海上有个仙楼，楼里有小屋，小屋里放着许多装着筹码的瓶子，这些瓶子存储了世间每个人的寿数。仙鹤每往一个人的瓶子里添一个筹码，那个人就增寿100年。显然，这是专门用来祝福老人长寿的故事，在屏风上制作这个画面，体现了乾隆皇帝对崇庆皇太后的孝敬之心。在元旦、冬至等节日，崇庆皇太后会背靠这个屏风，坐在宝座上，等着儿子乾隆皇帝前来行庆贺礼。即使在她去世之后，乾隆皇帝仍然坚持到寿康宫问礼，一直到他自己也离世。

寿康宫的后殿是崇庆皇太后的寝宫，有一个黄花梨木的柜子靠墙而立，200 多年来没有挪动过。柜子高达 2.91 米，比上文讲到的富察皇后娘家陪嫁的木柜还要高大。柜子里有暗格，当年故宫建博物院的时候，工作人员在暗格里发现了 100 多件珍宝，比如有一只红珊瑚如意，上面雕刻了祥云、蝙蝠、灵芝的纹样，寓意吉祥、幸福、长寿、如意。这个如意也许就是崇庆皇太后存放在暗格里的。

崇庆皇太后居住的寿康宫明亮宽敞，她的日常生活也很奢华讲究。散步，有慈宁宫花园，花繁叶茂，亭台错落，小路平整，佛堂静肃；吃饭，有专门的厨房和厨师，人间美味尽情享用；餐具，由景德镇御窑特供，精美典雅；衣服，由江南的 3 个织造衙门特供，彰显出崇庆皇太后雍容华贵的气质；日常用品和文玩摆设，由内务府特供，奢华至极。除物质享受外，乾隆皇帝还经常来到母亲身边问寒暖、叙家常，这让她在精神上也得到满足。此外，她还有一大享受，就是跟着儿子乾隆皇帝外出巡游。她进行过 1 次西巡，游览了嵩山和洛水；还曾 3 次东巡山东，三上五台山，四下江南。至于去畅春园闲居、清漪园（今颐和园）游湖、圆明园赏月、山庄避暑、木兰围场秋狝（xiǎn）[①]等，都是崇庆皇太后特别喜欢的。

崇庆皇太后过生日时更是极尽奢华。在清朝，皇太后的生日被称为“圣寿节”。每年圣寿节，乾隆皇帝都要率领儿孙和大臣，给崇庆皇太后贺寿，特别是崇庆皇太后五十、六十、七十和八十大寿的贺寿庆典都无比隆重。如今在寿康宫里，还挂着一张《崇庆皇太后八旬万寿图》，画的是乾隆皇帝带领 180 多人，在慈宁宫为崇庆皇太后庆贺八十大寿的场景，五世同堂，其乐融融。

乾隆皇帝送给母亲的贺寿大礼，有的一直存留至今，成为珍贵的文化遗产，比如清漪园。为什么要修这个园子呢？目的之一就是庆贺崇庆皇太后的六十大寿。乾隆十五年（1750年），乾隆皇帝兴建清漪园，把原来的瓮山改名为万寿山，把原来的西湖改为昆明湖。从空中俯瞰，昆明湖像一个寿桃。不仅如此，乾隆皇帝还下令在现在佛香阁的位置上，建一座九层宝塔[②]；在后湖沿岸一带，仿照江南苏州水乡建起街市

①清朝皇室权贵秋天的围猎盛事。

②塔即将建成的时候出现了坍塌现象，后被全部拆除。

房屋；在后山则兴建庙宇和藏式碉楼[1]。另外，乾隆皇帝还命人疏浚长河水道，引湖水进入长河。这样一来，崇庆皇太后就可以乘轿子出宫，到西直门外高梁桥附近的倚虹桥登上龙舟，从长河直接到达清漪园。

要成为清朝最幸福的皇太后，光有福气、会享福可不够，最重要的是要懂得知足。崇庆皇太后身份高贵，儿子孝顺，却并没有因此昏头，而是更加守家法、重国体。一天，崇庆皇太后偶然说起有一座废弃的寺庙应当重修，其实这就是顺嘴一说，并不是真的想让乾隆皇帝这样做，但乾隆皇帝听到太监的传话以后立即照办。崇庆皇太后听说后，生气地对太监们说："你们是伺候过圣祖（康熙皇帝）的，几时见过昭圣皇太后（康熙皇帝的祖母孝庄太皇太后）令圣祖修盖庙宇？赶紧上奏皇上，停止修庙！"由此可见，崇庆皇太后知福惜福，知足知止，所以一辈子都平平安安。

人们常说：五福同享。这"五福"是什么呢？一是长寿，二是富有，三是康宁，四是道德高尚，五是得以善终。这五福，崇庆皇太后都享受到了。她是一个勤劳、健康、乐观、知足的女人，又生了乾隆皇帝这个孝顺的儿子，享尽人间荣

①藏族先民用石头建造的具有军事防御功能的方形建筑物。

华富贵，并得以长寿。乾隆皇帝可能也遗传了她的长寿基因，崇庆皇太后享年 86 岁，乾隆皇帝享年 89 岁。

孝，是中华民族的传统美德。乾隆皇帝像康熙皇帝孝敬孝庄太皇太后一样，孝敬崇庆皇太后，让自己的母亲享尽了福，也为后世树立了榜样。

# 群体贪污的案中案

贪污之风为什么屡禁不止？

在乾隆皇帝花甲之年的时候，清朝皇帝已经在北京的皇宫里居住了 100 多年了。这 100 多年里，中原地区比较太平安定，经济得到了很大的发展，但是统治集团内部的贪污腐败现象越来越严重。对于这种情况，乾隆皇帝的态度很鲜明，就是要惩治贪官、整顿官员队伍。其中，乾隆皇帝处理的一件群体贪污的案中案，贪污数额极大，牵涉官员极多，被后人称为“清朝第一大贪污案”。

## 官官相护的甘肃冒赈案

这个案子的主角，是陕甘总督勒尔谨和甘肃布政使王亶（dǎn）望。勒尔谨是满洲镶白旗人，乾隆初年，他从翻译进士被提拔为刑部主事，后来又做了直隶天津道，最后当上了陕甘总督，也就是陕甘地区的最高军事、行政长官，是个二品的高官。因为甘肃地区经常有灾荒，所以过去曾经采取“捐监”政策，就是民众可以捐出大豆、小麦等粮食，换取成为国子监学生的资格，再经过考试，就可以进入仕途了。这就相当于民众用粮食换文凭，得到一份比较稳定的工作，而政府用文凭换来粮食，获得用于赈灾的物资。

这本是一项既能解决朝廷财政困难，又能缓解民众入仕压力的举措，但由于实行的过程中弊端丛生，乾隆皇帝曾一度下令停止捐监。乾隆三十九年（1774 年），勒尔谨请求在肃州（今甘肃省酒泉市）和安西（今甘肃省酒泉市瓜州县）恢复实行捐监。主管户部的军机大臣、大学士于敏中也非常赞同，说服乾隆皇帝准许了。乾隆皇帝强调只准纳粮捐监，不能以银代粮，以确保达到储粮的目的。为慎重起见，他还把曾经在甘肃做过知县的浙江布政使王亶望，调去做甘肃布政使，协助勒尔谨办理这件事。

王亶望的父亲王师做过江苏巡抚，是个清官，乾隆皇帝以为王亶望能谨守家风，也做个清官。谁知王亶望到甘肃以后就劝说勒尔谨，以仓储粮食不足为理由，请示乾隆皇帝把捐监推广到甘肃的各个州县。不久，王亶望又怂恿勒尔谨，下令把捐粮食改成捐银子了。

王亶望到任后半年左右，拿出了可观的成绩：肃州、安西捐监的人已经达到 1 万 9017 名，收到各种粮食 82 万 7500 石。按理来说，王亶望以银代粮，账面上不可能有这么多粮食，朝廷轻而易举就能查出来，但王亶望早就有所准备，他通过虚报灾情、上下勾结的方式，向朝廷表示这些粮食被用于赈灾了，而实际收来的银子早就装进了甘肃大小贪污官员的腰包。于是，大家就成了一根绳上的蚂蚱，当朝廷派人下来检查存粮时，这些官员想尽办法蒙混过关。乾隆皇帝也有点儿怀疑，提出 4 个问题：“甘肃那么穷的地方，怎么有近两万人捐监？又怎么会有这么多余粮？现在半年就得到八十二万多石的粮食，年复一年，陈粮用来做什么？既然你们说粮食可以借给百姓，为何不留在民间自动流转呢？”奸诈的勒尔谨找出一些理由回复后，乾隆皇帝也就不再追问。

捐监实行 3 年后，王亶望报告，一共有 15 万商民通过纳粮而成为国子监学生，收到监粮 600 多万石，超过甘肃省全年的赋税收入七八倍之多，可谓成绩斐然。还蒙在鼓里的乾隆皇帝以为王亶望真的是极具才干、劳苦功高，将他提拔为浙江巡抚。后来乾隆皇帝下江南，王亶望事事安排妥帖，深得恩宠。

可是，纸是包不住火的，没过几年，甘肃那边就出事了。乾隆四十六年（1781 年），甘肃发生了起义。勒尔谨虽督师平乱，但因作战不力最终兵败，被逮捕下狱。大学士阿桂和尚书和珅先后出师甘肃平乱，因为连日遇到大雨，延期入境。乾隆皇帝因此产生怀疑，甘肃不是连年都报告大旱吗？怎么会连日大雨呢？前几年的旱情是否真的存在呢？于是，他便令阿桂等人在平乱的同时，深入调查此事。

调查结果很快就报到了皇宫：勒尔谨、王亶望当年根本就没有收粮食，他们收的都是银子，这些银子直接被大小官员私分了。既不存在捐监粮食入库——根本没有捐粮食，但账面上有粮食，只是空账；也不存在所谓的以粮赈灾——账面上写的是发粮赈灾，但实际上没有赈灾，只是官员们在玩账面游戏，银子已经落入各级官员的私囊。

乾隆皇帝勃然大怒，派侍郎杨魁如和浙江巡抚陈辉祖把王亶望抓了起来，抄了他的家，结果抄出的银子超过百万两。

乾隆四十六年（1781 年），乾隆皇帝在避暑山庄下令，把王亶望、勒尔谨及甘肃布政使王廷赞都押到那里，令诸大臣会审。结果查明：甘肃全省大小官员无不牵涉该案，前后贪污了七八百万石“监粮”。侵吞银子 2 万两以上的有 20 人，1 万两以上的有 11 人，1000 两～ 9000 两的有 26 人，甚至一位六品官员都贪了 15 万两银子。其中，王亶望贪的最多，大约 300 万两银子。这批贪官侵吞了 1000 多万两银子，相当于国家一年总收入的三分之一。

此次贪污的数额如此庞大，震惊朝野。盛怒的乾隆皇帝下令：王亶望立即正法，王亶望的儿子王裘被发配到新疆伊犁，幼子下狱，到年满 12 岁的时候再逐个流放。对勒尔谨，先命他自尽，后来改为死缓，最终勒尔谨死于狱中。王廷赞被绞死，兰州知府蒋全迪被斩首，州县级官员贪污 2 万两以上的 22 人全部被斩首。甘肃被处死的官员有 56 人，免死充军的有 46 人，这使得当地大小衙门陷于瘫痪，朝廷不得不紧急调整官员，才度过了这场危机。

不仅如此，这个案子还牵连了于敏中，因为他当时支持勒尔谨的建议。虽然这时的于敏中已经去世，但欺君之罪不可赦，后来他的牌位被撤出了贤良祠[①]，名臣的人设彻底崩塌。

①清朝雍正年间建立，专门用来祭祀王公大臣和有功之人。

乾隆皇帝在避暑山庄，还询问了当年派往甘肃盘查粮仓的阿扬阿。阿扬阿表示，在甘肃盘查的时候，每个粮仓都挨个儿查验，确实都贮存了粮食，并没有短缺。乾隆皇帝根本不相信，认为这一定是当地官员听说了查仓的消息后挪东掩西，而且查验的人都是地方官员所管的，很容易一起作弊。阿扬阿等人当时虽然逐仓查验，也只能查验靠近仓门的地方，里面可能掺了糠土，或者是在木板上面铺盖一层粮食等。这些作弊的方法，阿扬阿并没有一一查出。最后，昏庸无能的阿扬阿被革职。

## 正撞枪口

本以为经此一事，贪污腐败的官员会有所收敛，没想到一案未结又起一案。乾隆皇帝看到浙江上报的查抄王亶望家产的底册时，发现其中大有问题。以前逢年过节，王亶望经常向乾隆皇帝进献珍玩，乾隆皇帝收过几件，其余的退还了。可如今他发现，他退还的那些宝物没有一件记在底册上。可见，这份底册不准确。他立即传谕新任浙江布政使的盛柱，要他准确核查，秘密奏报。

盛柱核查后奏报，负责首次抄王亶望家产的是浙江粮道的王站柱。盛柱还查出，王站柱查抄时上报的原册和现在浙江上报的底册不符。于是，乾隆皇帝命阿桂审讯王站柱。阿桂审完回复乾隆皇帝说，王站柱称自己查抄时点验，有黄金约 4000 两、银子二三万两，还有很多玉器，当即造册 3 份，将其中一份报给了闽浙总督陈辉祖。经过进一步调查后发现，原来，负责抄家的陈辉祖伙同浙江布政使国栋，以及经办此事的衢州知府、杭州知府、钱塘知县等人，用更换查抄底册的伎俩，私吞了大批字画、玉器，还用质量一般的朝珠换下抄出的上好朝珠，又用以银换金的手法，侵吞了价值四五万两银子的黄金。

朗朗乾坤之下，竟然有人敢“偷”皇帝的东西，这岂不是反了？真相大白以后，大发雷霆的乾隆皇帝将陈辉祖处以死缓，将其他人发往新疆做苦差，或者发往河南，到治河工地劳役赎罪。至此，王亶望等人的甘肃贪污案中案总算告一段落。可第二年，在调查中又发现陈辉祖只顾谋求私利，造成闽浙两省武备废弛，仓谷亏空。于是乾隆皇帝令他自尽，朝廷又开始清查浙江仓储亏空案……

故事太长了，贪官们贪污的花样繁多，涉及的人多、高官多，贪污数额大，案子根本查不完。但贪官之所以多，真的仅仅是因为他们见钱眼开、利欲熏心吗？这恐怕与当时的政治制度、统治者的政治作风不无关系。乾隆皇帝虽然以严明的律法惩治了贪官，但他并没有意识到这些问题，贪污之风盛行的根源并没有被触及，使得贪污之事接连再生、愈演愈烈。甚至，最大的贪官就在乾隆皇帝身边，那就是他最信任的和珅。后面，我再给你详细讲讲他的故事。

# 乾隆皇帝的瓶子和罐子

乾隆皇帝的审美究竟如何？

乾隆皇帝到晚年是很自鸣得意的，自称“十全老人”，觉得自己在文治武功上简直就是十全十美了。这种志得意满的心理，其实并不是他晚年才有的，在执政早期，他就多次

宣称清朝已经进入全盛时期。乾隆皇帝统治时期，清朝国力鼎盛，四海升平，他产生了这样的心理倒也不难理解。而乾隆皇帝这种得意自满的心理，也体现在他的审美情趣上，比如瓷器。他特别喜欢构思奇巧、造型复杂多变、工艺高超的瓷器，尽显皇家富贵。这里就给小朋友介绍一件瓷瓶和一件瓷罐。

## 精妙的转心瓶

景德镇御窑烧制过一件非常特殊的瓷瓶，后人给它起名儿叫作“霁蓝镂空转心瓷大瓶”。乾隆皇帝祭祖的时候把这件瓷瓶从北京皇宫带到沈阳皇宫。100 多年以后的抗日战争时期，沈阳皇宫已经成了博物馆，那里的诸多文物被转移到了南方，这件瓷瓶也几经辗转，最后被收藏在南京博物院。这件瓷瓶有“三绝”，让它足以成为一件镇馆之宝。

第一绝：瓶中有瓶，内瓶还能转，所以叫作“转心瓶”。原来，这件瓷瓶是由 6 个构件装配起来的。这 6 个构件分别是：瓶盖、瓶颈、外瓶、内瓶、夹层和底盘。瓶颈下端有一个铜管，穿进内瓶口沿的插销口，就和内瓶连在一起了。而内瓶底部又固定在外瓶底盘的轴心上，所以转动瓶颈，就可以带动内瓶旋转起来。别小看这件转心瓶，制作它的技术难度可是非常大的。因为瓷瓶的构件都是用瓷坯烧造的，而瓷坯在烧造的时候会收缩。当时的工匠们在制作瓷坯的时候，根本没有什么公式可以计算，也没有什么工具可以利用。所以，他们要想让这些构件烧制后组装在一起能够严丝合缝，只能靠在实践中反复摸索。

这种超高的技术难度，也成就了这件瓷瓶极高的观赏价值，这就是它的第二绝：动感的画面。在这件瓷瓶的瓶身上，工匠们采用镂雕的技术，开出了 4 个用粉彩装饰的镂窗，术语叫作“开光”。人们可以透过瓶身的这 4 个镂窗，欣赏到内瓶上的《乾隆行围图》，也就是乾隆皇帝打猎的场景。而且随着内瓶的转动，这个画面也跟着转动，好像画面上的人物和场景都动起来了，非常生动。

第三绝：多种技术的混搭。瓷瓶通体以亮丽的霁蓝釉为底，配用金彩，显得华贵庄重。内瓶再现了皇家在围场中打猎的场景，远处是用粉彩装饰的秋郊山野景象，还有绢花点缀其中，近处是用牙雕工艺雕刻的侍臣，而乾隆皇帝则在仪仗、侍卫的簇拥下策马而来。随着内瓶的旋转，这个场景通过瓶身的 4 个镂窗不断变换，栩栩如生。

这件瓷瓶把这么多种工艺混搭在一起，把外瓶和内瓶巧妙地连成一体，把精湛的技术和巧妙的创意结合在一起，既写实又虚幻，既能静又能动，令人耳目一新，心灵为之震撼。

在这之前，中国的名窑瓷器各美其美，但大都是一种静态的美。而乾隆时期御窑烧造的转心瓶，使瓷器又增添了一种动态的美感和情趣。不仅如此，在乾隆时期，这种转心瓶还有着“上下一心，国泰民安”的寓意。技术工艺、美学价值、美好意蕴都在这件瓷瓶中得以体现，所以，它在当时就已经是宫廷珍品。

## 惟妙惟肖的蟋蟀罐

再介绍一件瓷器，也是在乾隆时期景德镇御窑烧造后，被进贡到皇宫的，现在被收藏在故宫博物院。这件瓷器的造型是书函，而它实际上是个蟋蟀罐。故宫博物院的专家给它起了一个文绉绉的名字，叫作“粉彩描金书函式金钟笼”。“金钟”是蟋蟀的一个品种。

这件蟋蟀罐是陶瓷的，外形却模仿成织锦的线装书函，书函的一角还有题签，用墨书写了篆体的书名：乐善堂。

在书函的上面，放置着一枚长方形印章，这枚印章其实也是陶瓷的，却仿制成寿山石的样子，还有一个双拱形的印章纽。仔细观察可以发现，这枚印章其实是嵌入书函表面的，取出印章，就会出现一个长方形的槽，可以通过这里给养在里面的蟋蟀喂食。相伴在印章旁边的，是一个圆形印泥盒，盒里有樱桃、花生、瓜子等，也都是陶瓷的。移开印泥盒，可以发现底下有5个小孔，蟋蟀的叫声就是从这里传出来的。

所以，这件瓷器既是蟋蟀罐，又是一件精美的文房陈设品。无论是书函、印章、印泥盒，还是水果、干果，都模仿得真实可爱。

## 拥有精湛技艺的督陶官

如此精湛的瓷器，必是出自拥有杰出的创意、技艺和管理能力的人才之手，唐英就是非常杰出的一位。唐英是奉天人，16岁到养心殿造办处上班，在工作中接触到了许多宫廷的名器、书画，积淀了丰厚的文化底蕴。唐英47岁时以内务府员外郎的身份，被派到景德镇协理督陶。

唐英刚到御窑厂时，对于烧窑、制陶的工作完全外行，怎么办呢？只好学习、学习、再学习！他闭门谢客，放下官架子，向工匠们学习，和工匠们同吃饭、同劳作、同休息。他用3年时间学会了72道制瓷工艺，逐渐成为专家，烧制出举世闻名的“唐窑”瓷器。

唐英以及我所提到的这两件瓷器，就像一面镜子一样，折射出乾隆年间文化繁荣的景象。在“康雍乾”时代，中原有100多年没有发生大的战争，社会比较安定，经济得到发展，国土更加辽阔，文化也十分兴盛。但就在此时，世界正在发生着翻天覆地的变化，清朝文化和西方文化之间产生了激烈的碰撞。具体是什么碰撞呢？我们下个故事再说。

# 马戛尔尼使团访华

马戛尔尼到底下跪了没有？

当乾隆皇帝陶醉在自己的文治武功中，频繁下江南游玩的时候，西方世界发生了划时代的几件大事：一是英国的工业革命，二是美利坚合众国成立，三是法国大革命。这 3 件大事加上之前的英国资产阶级革命，再加上后来 1861 年俄国废除农奴制、1868 年日本明治维新、1871 年德国统一，改变了整个世界的格局。其中，英国走在西方的最前列，它击败了葡萄牙、西班牙、荷兰等国家，军舰游弋，称霸海上，成为当时的世界强国。

此时的清朝正实行闭关锁国政策，严格限制对外贸易。因此，乾隆五十七年（1792 年），英国派出以特使马戛尔尼为首的外交使团，以向清朝“进贡”和补祝乾隆皇帝八十大寿的名义来到中国，希望通过谈判让清朝取消对英国贸易的禁令和限制，实现和中国的通商，打开中国市场。中国和英国这两艘巨轮，在时代浪潮的航行中终于靠近了。

## 浩浩荡荡的访华使团

马戛尔尼，精通法语、意大利语等，曾作为特使被派往沙俄签订对英国极为有利的商务条约，是一位经验丰富的高级外交官。此次出使中国，英国政府准备的“贡品”几乎凝聚了当时工业革命后所有的科技精华，包括英国最大口径的火炮、卡宾枪、天体运行仪、大型地球仪、钟表、望远镜等，足以看出英国政府对此次出使中国的重视。

乾隆五十七年（1792 年），马戛尔尼所带领的英国使团乘坐装有 64 门大炮的军舰“狮子”号，载着秘书、翻译、医生、士兵等共800多人，还有600箱礼物，自英国朴次茅斯港起航，于乾隆五十八年（1793年）五月在澳门停泊。休整后又经过广东、浙江、山东等地，继续沿海北上。尽管当时来华的外国商人只可在广州登陆、从事贸易，但是考虑到英国人的礼物娇贵易碎，不宜陆路颠簸，乾隆皇帝破例允许他们在天津登陆，通过大运河，经通州到达北京。

不仅如此，乾隆皇帝还下谕旨隆重接待英国使团，指示直隶总督梁肯堂和长芦盐政徵瑞负责接待英国使团。他俩安排沿途各地官员热情接待和款待，一次就给英国使团送去270头牛、羊、猪，200只鸡、鸭，160袋面粉，160袋大米，10箱茶叶，还有蔬菜、瓜果、酒等，足足装了7条船。

乾隆皇帝看到英国使团的礼单后不以为意，觉得这些礼物中国也都有，不像他们自吹得那么稀罕，特别是看到礼单里写着“遣钦差来朝”后，很不舒服。他认为，明明是派使臣来进贡，怎么会是派钦差来会面？使臣和钦差有什么区别呢？其实二者都是被派遣往来两地的官员，但钦差特指由皇帝派遣，到外地办事的官员。英国称自己派钦差来大清，乾隆皇帝自然不快。他因此下谕给英国使团定了调子：英国使团的正副使都称为“贡使”，而不是钦差，礼物也就变成了向清朝皇帝进贡的贡品。

## 跪拜礼的争论

由于英国的礼仪、宗教信仰与中国不同，所以英国人不会下跪行礼。那么问题来了：既然是贡使进贡，那么见到清朝的皇帝就要行三跪九叩之礼，即使是英国的国王亲自来了，也要这样。

这个时候，乾隆皇帝已经到了承德避暑山庄，所以邀请英国使团也到避暑山庄。于是，在陪同英国使团前往避暑山庄的路上，梁肯堂和徵瑞一直在劝说马戛尔尼，还派官员给使臣们做行跪拜礼的示范。马戛尔尼一行人一路应付着到了避暑山庄，后来又被通知，只有跪拜娴熟才可以觐见。马戛尔尼不愿意，仅派代表谒见和珅，把英国国王致乾隆皇帝信件的翻译件交给和珅，然后就推托说累了需要休息，更不练习行什么跪拜礼。

乾隆皇帝听后不高兴了，下谕减少供给，取消格外的赏赐，在万寿节宴会后就让他们回去。眼看英国使团就要被遣送出境，马戛尔尼这才急了，答应了下来。

## 访华失败，不欢而散

乾隆五十八年（1793 年）八月初十，乾隆皇帝在避暑山庄万树园，接见了正使马戛尔尼、副使斯当东。马戛尔尼向乾隆皇帝行礼，然后递上英国国王乔治三世亲笔书写的信。乾隆皇帝先将一柄玉如意回赠给英国国王，又分别赠给马戛尔尼和斯当东绿色如意，他们两人又以金表和气枪回赠乾隆皇帝。觐见仪式完毕后，乾隆皇帝举行宴会宴请使团。等乾隆皇帝 83 岁的祝寿庆典结束以后，英国使团回到了北京。

回到北京后，乾隆皇帝派和珅与马戛尔尼等人在圆明园举行会谈。马戛尔尼提出双方互派大使，他作为英国大使常驻北京，和珅没有当面答复。次日，和珅再次会见马戛尔尼，并差人给他乾隆皇帝致英国国王的回信。

那么，英国国王来信和乾隆皇帝回信的主要内容都有什么呢？

英方要求派使臣常驻北京，答复：断不可行；英方要求在宁波、舟山、天津开展贸易，答复：皆不可行；英方要求在北京设立商行，答复：京城从无外国人开设商行；英方要求在舟山附近的小岛存放货物，答复：不便准行；英方要求在广州附近拨地，让英商居住，答复：仍在澳门居住……总之，乾隆皇帝对英国国王提出的各项要求逐一驳回。

九月初五，马戛尔尼带着乾隆皇帝回复英国国王的信件与回赠的礼物离开北京，返回英国。

那么，马戛尔尼到底有没有给乾隆皇帝行跪拜礼呢？清朝说跪了，而且是双腿跪拜，否则他是不可能见到乾隆皇帝的；而马戛尔尼一行人后来说没有跪，也有人说是单膝跪了。总之，各说各的。今天看来，这种争论似乎很无聊，但是这反映了中西文化的差异和冲突，也折射出乾隆皇帝对待西方文化的态度。他选择了一味地拒绝西方文化，没有了解并把握住开放发展的契机。马戛尔尼一行人虽然没有达到他们的直接目的，但获取了清朝各方面的情报。当他们发现清朝的官员连火柴都没有见过，清朝的军队还拿着刀枪弓箭的时候，他们就已经知道，这个庞大的国家其实并不可怕。这也为40多年以后英国发动鸦片战争埋下了伏笔。

# 前所未有的千叟宴

老人们在千叟宴上吃什么？

千叟宴，是清朝在皇宫举办的有上千名老年人参加的盛大宴会。这是康熙皇帝的创意，也是从他开始举办的。在他生命的最后一年，也就是康熙六十一年（1722 年）正月初五，为了庆祝自己做皇帝满 60 年，康熙皇帝在乾清宫前举办了一场空前盛大的宴会，一共有 1020 名 65 岁以上的老人参加了这次盛宴。在宴会上，康熙皇帝写了一首七言律诗，参加宴会的满汉大臣们纷纷作诗相和，后来这组诗就题名为《千叟宴诗》。所以，这场盛大的宴会也就被叫作“千叟宴”。

弘历年幼的时候作为皇孙，也曾参加了康熙皇帝举办的千叟宴，这番热闹的场景在他心中留下了很深的印象。他继位后效仿祖父康熙皇帝，先后举行了两次千叟宴。那么乾隆皇帝举办的千叟宴上有什么有趣的故事呢?

## 紫禁城里的豪华饭局

乾隆五十年（1785 年）正月初六，75 岁的乾隆皇帝为了庆祝自己做皇帝满 50 年，在乾清宫举行千叟宴。这一天，在乾清宫以及宫前的庭院里，一共摆了 800 桌宴席。参加的人有满洲的亲王贵族、朝廷大臣、蒙古贵族、朝鲜使臣等，全部是 60 岁以上的老人，一共 3000 人。

宴会的礼仪非常烦琐，大体上是这样的：在礼乐声中，大家向坐在御座上的乾隆皇帝行礼，各自入席，接着乾隆皇帝向大家赐茶、赐酒，大家磕头致谢，再喝茶、喝酒。此外，还要把一品以上的老臣和 90 岁以上的老人召到乾隆皇帝的御座前，由乾隆皇帝亲自赐酒。然后礼乐停止，大家各自到座位上开始吃饭。吃完饭又奏乐，宣告宴会结束。宴会中，乾隆皇帝还会和参加宴会的老人以“千叟宴”为题目，作诗唱和。整个宴会规模庞大，觥筹交错，好不热闹。

老人们在千叟宴上都吃什么呢?

摆在殿内和廊下两旁的宴席有：火锅 2 个、猪肉片 1 份、煺（tuì）羊肉片 1 份、鹿尾烧鹿肉 1 盘、煺羊肉乌叉 1 盘、荤菜 4 碗、蒸面食 1 盘、烤面食 1 盘、小菜 2 份，另备肉丝烫饭。

其他宴席有：火锅 2 个、猪肉片 1 份、煺羊肉片 1 份、煺羊肉 1 盘、烧狍肉 1 盘、蒸面食 1 盘、烤面食 1 盘、小菜 2 份，另备肉丝烫饭。

宴会不仅给老人们准备了满汉宴席，宴会结束后，每位老人还会收到一份礼物，其中有如意、鸠杖、银牌，还有绸缎、貂皮等。鸠杖就是拐杖，因为拐杖的顶部有一只用犀牛角雕琢而成的鸠鸟，所以叫鸠杖。鸠杖用黄花梨木制成，上面还用银片镶嵌了 100 个“寿”字，字体各不相同。鸠杖顶部的鸠鸟有什么象征意义呢？中国古代有一个风俗，就是春天年轻人出去抓鸟，献给老人玩赏。这个习俗肯定不符合现在的动物保护理念，但在古时候是表示尊老爱老的。另外，老人吃饭容易噎着，而鸠鸟吃东西是不会噎着的，所以用鸠鸟装饰拐杖，也有祝福老人平安康宁的美意。送给每个参加宴会的老人一根鸠杖，就表示乾隆皇帝遵照古礼，提倡敬老爱老。

参加宴会的老人里，士兵、匠役、无职衔人员等，还得到了一块“养老银牌”，70 岁以上的是重 10 两的银牌，75 岁以上的 15 两，80 岁以上的 20 两，85 岁以上的 25 两，90 岁以上的 30 两。

## 以太上皇的身份举办千叟宴

乾隆六十年（1795 年），正是乾隆皇帝执政 60 年的时候，九月初三，他宣布将在次年主动退位，将皇位禅让给自己的儿子永琰（yǎn），也就是后来的嘉庆皇帝，自己则做太上皇。嘉庆元年（1796 年）正月初四，刚成为太上皇的乾隆皇帝和刚继位的嘉庆皇帝在宁寿宫、皇极殿举行千叟宴。这次参加千叟宴的人员和人数跟上次差不多，但是，这次增加了 5000 多名“列名邀赏者”，就是有参加宴席的荣誉而没入席的人。所以，宴会名义上的总人数超过 8000 人。

据记载，宴席是这样安排的：王公、贝勒、贝子、台吉、一二品大臣，宴席在皇极殿的大殿里；朝鲜、回部、西藏、暹罗（今泰国）、安南（今越南）、廓尔喀（今尼泊尔）等国使臣，宴席在皇极殿的廊下；三品大臣官员，宴席在丹墀（chí）甬路；四品以下的有职官员，宴席在丹墀左右；其余护军、马甲、兵民、匠役等，宴席都在宁寿门外。

这次增加了一些新的环节，比如，皇子、皇孙、皇曾孙、皇玄孙等给殿内的王公大臣敬酒、分添食物，侍卫等人为殿外的老人们敬酒、分添食物。这次宴会中，年龄最大的是106岁的安徽老民熊国沛，嘉庆皇帝赏赐给了他六品顶戴，其余90岁以上的老人被授予七品顶戴。宴会还特准所有90岁以上的老人由子孙中的一人搀扶入宴；文武大臣超过70岁的如果行动不便，也准许子孙中的一人搀扶入宴。

宴会其余的安排，跟上一次千叟宴基本上是一样的。

千叟宴提倡“养老尊老”的社会风尚，而且宴会邀请各民族首领参加，有利于国家安定，能够提升民族凝聚力。同时，宴会也邀请了其他国家的使臣参加，同样有利于和谐睦邻，巩固邦交。千叟宴在它所在的年代被赋予了深刻的意义，但它排场巨大，开支浩繁，不排除有皇帝自我陶醉、自娱自乐的成分。

# 最受宠爱的十公主

金枝玉叶的十公主结局如何？

乾隆皇帝共有 10 个女儿，其中长大成人的有 5 个。十公主出生的时候，乾隆皇帝已经 65 岁，老来得女的他对十公主非常宠爱。十公主 4 岁那年，她的母亲惇妃汪氏把一个宫女打死了，本来应该受到严重的惩罚，但是她只是被降为嫔，不久又被重新封为妃，这和十公主受到乾隆皇帝的宠爱有很大关系。十公主长大以后，长相酷似父亲，性格刚毅，能射强弓。她曾女扮男装跟随父亲到围场参加围猎，还射中了一只鹿，乾隆皇帝特别高兴，给她很多赏赐。乾隆皇帝把她视为掌上明珠，曾经对十公主说："你如果是皇子，我一定立你为皇太子。"

## 选定婚事

十公主 6 岁的时候，乾隆皇帝为她选了一个婆家。这个婆家就是和珅家，和珅是当时的户部尚书、议政大臣。乾隆皇帝把十公主指婚给和珅的长子，还特别为这位未来的额驸赐了一个满文名字，叫丰绅殷德，翻译成汉语，就是有福气、祝福的意思，这也是在为二人今后的婚姻表示祝福。十公主 13 岁的时候，乾隆皇帝封她为"固伦和孝公主"。本来妃嫔生的女儿只能被封为"和硕公主"，只有皇后生的女儿才能被封为"固伦公主"，十公主不是皇后生的，但是她却被破例给了这个封号，可以看出乾隆皇帝对她十分疼爱。

乾隆五十四年（1789 年），15 岁的固伦和孝公主举行了隆重的婚礼，下嫁同岁的丰绅殷德。这让乾隆皇帝和和珅除了是君臣，还成了儿女亲家。固伦和孝公主大婚的前几天，装载公主嫁妆的车马在路上络绎不绝。固伦和孝公主下嫁这天，乾隆皇帝先在保和殿宴请额驸丰绅殷德及王公大臣，然后接受固伦和孝公主的拜别。据说，出嫁当天的固伦和孝公主穿着金黄色绣龙朝褂，头戴貂皮朝冠，朝冠上镶着 10 颗大东珠。这些东珠可不简单，它们来自东北的江河，非常稀缺，极为名贵。在清朝，把东珠镶嵌在冠服上，象征着权力和尊贵。

婚后第六天，固伦和孝公主和丰绅殷德回宫谢恩。公主进入后宫行礼，额驸是不可以进入内廷的，所以丰绅殷德在乾清门外行礼。乾隆皇帝赏给他们 30 万两银子，这个赏赐是什么概念呢？对比来看，固伦和孝公主的嫁妆大概是之前她的姐姐和硕和嘉公主下嫁时的 10 倍，不仅如此，还有额外的赏银，足以看出乾隆皇帝对固伦和孝公主有多偏爱。

## 和珅府第

固伦和孝公主婚后居住的和珅府第，在北京的什刹海附近。元代，什刹海是重要的漕运码头，水道蜿蜒，杨柳成荫，环境优美。到了明清时期，人们逐渐在周边建起许多大宅院。乾隆四十五年（1780 年），和珅在这里建府，后来逐渐形成三路五进[①]、前邸后园的格局。府第中路的院落主要是用于

① 指有 3 条竖着的中轴线，每条中轴线上有 5 个独立的院落。

举行礼仪活动，从南到北依次是：大门、二门、正殿、二殿、后罩楼等。后罩楼有两层，东西长 180 多米，有 111 个房间，据说和珅的夫人冯氏曾经住在那里。

东路的院落是固伦和孝公主的府第，她在这里住了 34 年。这里前有延禧堂（后名为多福轩），丰绅殷德住在这里，后面是固伦和孝公主的住处，也就是如今的乐道堂，乾隆皇帝曾经亲自来这里看望固伦和孝公主。房间里的梁架上至今还保留着当时的凤凰贴金彩绘，两只金色的凤凰中间绽放着华贵的牡丹，尽显主人的尊贵身份。

西路的院落，主要建筑也是前后两处，和珅就住在后院嘉乐堂。和珅仿照皇宫宁寿宫的档次精心装修，安设了金丝楠木的仙楼[①]，再配上金色花纹的火山岩地砖，华丽奢侈。和珅对自己居所的装修僭越了礼制，后来被列为嘉庆皇帝赐死他时所定的 20 条大罪之一。

和珅府第的最北边就是后花园，园内环山衔水，幽静宜人，在设计上甚至可以和皇宫的御花园媲美。如此种种，可见和珅府第有多么奢华。在固伦和孝公主嫁到和珅府第的最初几年里，这里高贵、祥和。

① 木建筑室内被装修成二层阁楼，一般作为供奉神佛的地方。

丰绅殷德很聪明，长得也挺精神，潇洒倜傥，会写点儿小诗。他沾了固伦和孝公主的光，做了都统兼护军统领、内务府大臣。也许是因为仕途顺利，有时丰绅殷德表现得恃宠骄纵，固伦和孝公主就劝告他说："你们父子俩享受父亲的厚德，毫无报答，只变得越来越贪婪，我替你们担忧。将来恐怕身家不保，我也一定会遭到你们的牵连啊！"固伦和孝公主不仅识大体、顾大局，她发现丰绅殷德做得不对的地方也会立即指正。有一天下雪了，丰绅殷德兴致勃勃地玩雪，固伦和孝公主立即责备说："你已经是成年人了，怎么还玩小孩子的游戏呢？"丰绅殷德急忙跪下请罪。

## 孤独的后半生

固伦和孝公主 25 岁的时候，灾难来临。嘉庆四年（1799 年）正月初三，乾隆皇帝逝世于养心殿，固伦和孝公主还沉浸在悲伤之中时，和珅因罪被查，后赐自尽，抄没家产。大臣们决议要取消丰绅殷德的爵位和职务，嘉庆皇帝考虑到妹妹固伦和孝公主，给他保留了爵位。不久抄和珅的家时，发现了朝珠等皇帝专用的物品，又听他的家人说，和珅经常在灯下佩戴朝珠照镜子。嘉庆皇帝大怒，下令剥夺丰绅殷德的爵位，只给他留了个三等轻车都尉的待遇。幸亏有固伦和孝公主这位妻子，丰绅殷德才保住小命和饭碗。

固伦和孝公主虽然还住在公主府第，但是后花园被没收了，嘉庆皇帝把它赐给了自己的皇十一弟永瑆。西路原来的和珅府第，嘉庆皇帝赐给了他的皇十七弟永璘。永璘这个王爷挺有意思，他体貌丰伟，皮肤黧（lí）黑，不爱读书，喜欢玩，没啥志向，也没啥本事。据传，他对皇位是一点儿野心也没有，还开玩笑说："即使皇帝的位置多如雨点，也不会滴到我的头顶上，只求哥哥可怜我，把和珅的府第赐给我住，我就满足了！"嘉庆皇帝籍没和珅的家产后，果然把他的府第赐给这位同母的弟弟了。所以在一段时间里，固伦和孝公主住在东路，永璘住在西路，后花园是永瑆的。

丰绅殷德是个没有担当、不知感恩的人。固伦和孝公主曾经生下一个儿子，但是夭折了，他就冷落公主，又娶了侍妾，还在国丧期间与侍妾生下孩子。甚至被公主府的官员告到嘉庆皇帝那里，说他在家演习武艺，图谋不轨，还要害固伦和孝公主。嘉庆皇帝认为，这些家长里短的事情摆不到台面上，但又不能让固伦和孝公主守寡，所以就把丰绅殷德圈禁在家里。过了4年，嘉庆皇帝又照顾丰绅殷德，让他做了头等侍卫、副都统，还封了伯爵。嘉庆十五年（1810年），丰绅殷德因病去世，时年36岁。道光三年（1823年），固伦和孝公主去世，时年49岁。在她去世后，她的皇侄道光皇帝亲自前往祭奠。

后来，道光皇帝的儿子咸丰皇帝把曾经的和珅府第和固伦和孝公主府第都赐给皇六弟恭亲王奕䜣（xīn）居住，从此这里就成了我们今天所知道的恭王府。

南京博物院收藏着一件精美的文物：一只栩栩如生的黄金蝉，安稳地栖息在一片洁白无瑕的玉叶上。这是“金枝玉叶”的形象诠释。皇家公主金枝玉叶，一直被人们所羡慕。其实，公主虽然享受着常人享受不到的荣华富贵，但也被常人无须承受的礼法所约束。特别是在宫里娇生惯养的公主，一旦嫁为人妇，要面对反差巨大的生活环境和身份转换，很难享受到常人的天伦之乐。正如被玉叶托起的金蝉，虽然尊贵，但没有遮风挡雨的屏障，只能听任命运的摆布。

# 最大的贪官就在乾隆皇帝身边

乾隆皇帝为什么如此宠信和珅？

在上文中我提到，虽然乾隆皇帝严惩贪官，打击腐败，但贪污的风气非但没有被消除，反而更加严重，甚至最大的贪官就在乾隆皇帝身边，那就是和珅。和珅是谁？他又是怎样一步步得到乾隆皇帝的信任与宠爱的呢？

据清朝《归云室见闻杂记》记载，乾隆皇帝巡视山东的时候，有一天他看见有个年轻的侍卫骑马走在自己的御车旁，就问他："你是什么出身？"侍卫恭敬地回答："是生员。"乾隆皇帝问："你参加过科举考试吗？"侍卫答："参加了庚寅（乾隆三十五年）的乡试。"乾隆皇帝问："考的什么题目？"侍卫答："考的是《论语》讲孟公绰的一篇文章。"乾隆皇帝问："你能背诵那篇文章吗？"侍卫就背诵了起来。乾隆皇帝听完说："你应该可以考中啊！"

这次谈话，让乾隆皇帝记住了侍卫和珅这个人。和珅聪明伶俐，口齿清晰，又身手矫捷，潇洒干练，正是乾隆皇帝所需要的人。就这样，和珅得到了乾隆皇帝的赏识，开始了他的升迁之路，到乾隆皇帝去世前，乾隆皇帝对和珅的重用，达到了登峰造极的地步。

## 飞黄腾达的契机

和珅姓钮祜禄，是满洲正红旗人。他的高祖尼雅哈纳曾经立下军功，被赐予"巴图鲁"的称号，还得到了三等轻车都尉的世职[①]。和珅小时候与弟弟和琳一起，被选送到咸安

① 可以世代承袭的职位。

宫官学读书。咸安宫官学在皇宫的西华门里，优秀的内务府和八旗子弟被挑选到这里上学，他们在这里学习满语、汉语、蒙古语、经史典籍，以及骑射等知识和技能。

18 岁时，和珅结婚，娶的是当时的内务府大臣、户部侍郎英廉的孙女。凭借这桩亲事，和珅有了妻子的祖父英廉这个靠山，还承袭了三等轻车都尉，拿到了固定的俸禄。虽然他没考上举人，但是在 23 岁时被授予了三等侍卫的官职，来到粘竿处上班。粘竿处的侍卫是皇帝的御前近侍，皇帝出巡的时候在车舆旁边服侍，也有护卫的职责。不久，和珅又被调到銮仪卫做侍卫，这就给了和珅与乾隆皇帝接触的机会，也为和珅日后飞黄腾达创造了有利条件。

从乾隆四十年（1775 年）开始，和珅就进入了步步高升的快车道。在 24 年的时间里，乾隆皇帝给和珅的升官和封爵达到 50 多次，重要的文职、武职，几乎都让他做了个遍，可谓“一人之下，万人之上”。

不仅如此，乾隆皇帝还给了和珅一个莫大的荣耀，就是跟皇室联姻，结为亲家。我在上文讲过，乾隆皇帝把自己最喜爱的十公主下嫁给和珅的儿子。不仅如此，他还让和珅的女儿嫁给了康熙皇帝的重孙贝勒永鋆（yún），又让和珅的侄女嫁给了自己的孙子绵庆。这么一来，君臣加亲家，和珅得到的荣宠可以说是登峰造极了。

## 得宠秘诀

就这样，和珅倚仗着乾隆皇帝赐予的荣耀，在乾隆皇帝的眼皮子底下拉拢一大批官僚形成势力，大肆贪污受贿。如此以往，贪风盛行，败坏朝政，祸国殃民。

人们不禁要问，乾隆皇帝为什么如此重用作恶多端的和珅呢？

首先，和珅有一定的才干。这里举一个例子。乾隆四十五年（1780年）二月，乾隆皇帝命令和珅到云南、贵州，查办大学士、云贵总督李侍尧贪污案。和珅到了云南，首先拘审李侍尧的管家，拿到了证据，迫使精明强干的李侍尧不得不认罪。这次查办李侍尧贪污案，和珅办得很出色，所以和珅在回京的途中，就被提拔成了户部尚书、议政大臣。此外，清朝在西北、西南地区作战时，只有和珅能把乾隆皇帝的谕旨、敕书，用满文、藏文、蒙古文、汉文等各种文字撰写出来，让乾隆皇帝和地方官员的沟通更加快捷有效。

除了做事得力，和珅还善于揣测乾隆皇帝的心思，投其所好，博得皇帝的欢心。乾隆皇帝身边的妃嫔、宫女、太监大都没有什么文化，大臣们也是有各种规矩束缚着，不能陪伴在他身边。而和珅呢？他陪乾隆皇帝写诗，和乾隆皇帝一起学习佛法修身养性，尤其是能够体贴地侍奉乾隆皇帝。乾

隆皇帝喜欢被别人奉承、照顾，和珅就陪伴在他身边，体贴周到地服侍他。甚至乾隆皇帝咳嗽要吐痰，和珅就马上端个痰盂去接。所以，和珅对乾隆皇帝来说是没有人可以替代的。

不仅如此，和珅还能敛财，满足乾隆皇帝的奢欲。乾隆皇帝晚年生活奢侈，大兴土木，大张筵宴，崇庆皇太后的六十、七十、八十大寿，自己的六十、七十、八十大寿，以及六下江南等，都要大量犒赏，铺张浪费，花费巨大。这都需要大量的银子，那银子从哪里来呢？靠和珅。和珅想尽各种办法聚敛钱财，这些钱不入国库，而是交到内务府，供乾隆皇帝享用。乾隆皇帝因此得以随意享乐，自然就对和珅更加依赖了。

所以有人问，和珅如此得宠，有没有秘诀呢？说来也简单，就是让乾隆皇帝看得见、信得过、用得上、离不开。即便如此，和珅的风光也没能永远持续下去。

嘉庆四年（1799 年）正月初三，乾隆皇帝在养心殿驾崩，嘉庆皇帝在当天亲政。嘉庆皇帝对在朝中结党营私、贪赃枉法的和珅，早就心生厌恶和恨意。他在办理乾隆皇帝的丧事期间，果断采取措施，逮捕和珅，宣布和珅 20 条大罪，赐和珅自尽，查抄了和珅的庞大家产。当时流传一句话，叫“和珅跌倒，嘉庆吃饱”，意思是和珅家里查抄出来的财物，足以让嘉庆皇帝统治期间国库充盈，可见和珅贪腐的严重程度。

和珅倚仗着乾隆皇帝的宠信和庇护，一步步走上人生的巅峰，又在乾隆皇帝去世后被新皇帝赐死，人生走向终结。就算他极尽奉承，最终还是为自己做过的恶事付出了生命的代价。

# 味余书室的主人

为什么他能承担起做皇帝的重任？

乾隆二十五年（1760年）十月初六丑时（今1时～3时），贵人魏佳氏在圆明园的后妃寝院——“天地一家春”生下了乾隆皇帝的第十五个儿子。这年的乾隆皇帝正值50岁，他给这个皇子取名为永琰。

永琰的生母魏佳氏，父亲是内务府里管理后勤杂事的普通官员，没有显赫的靠山。但是魏佳氏在 10 年的时间里，先后生下了 4 个皇子、2 个皇女，是乾隆皇帝的所有后妃里生孩子最多的一位。可见，在这段时间里，魏佳氏得到了乾隆皇帝的宠爱，后来她被封为令嫔、令贵妃、令皇贵妃。清朝的后宫有个不成文的规定，生母不得抚养亲子，所以永琰从小由庆妃抚育。庆妃出身平凡，没有生育子女，后来才被封为庆贵妃。总之，永琰的生母和养母都没有高贵的出身，他最初就是个普通的皇子。

永琰 5 岁就搬到毓庆宫居住。毓庆宫是康熙年间为皇太子胤礽建造的宫室，离乾清宫很近，跟乾清宫东面的斋宫仅一墙之隔。雍正皇帝采取秘密立储制度，没有公开储君人选，所以就安排未成年的皇子们在这里居住，乾隆皇帝也采取了这种做法。永琰在这里住了 10 年，直到结婚才搬出。

永琰 6 岁开始上学读书。乾隆皇帝执政时期有一位在内廷值班的官员，名叫赵翼，曾经记录下他亲眼看到的皇子们读书的情景。每天早晨天还没亮，上早朝的官员们也都还没进宫，就连他这个值班的都还没睡醒，不时地倚靠着房柱打瞌睡时，就隐隐望见一盏盏白纱灯进入隆宗门，这是皇子们进书房了。皇子们进了书房以后，就赋诗作文，每天都有课程，下午又有满洲师傅教满文、满语和骑马射箭，直到傍晚才结束学习。

在这样日复一日辛苦的学习生活中，永琰分别在 14 岁、15 岁、16 岁、17 岁，经历了人生中的 4 件大事，他的人生轨迹也因此逐渐发生了变化。

永琰 14 岁时，父亲乾隆皇帝把他秘密立为皇太子。虽然皇太子的名字是保密的，只有乾隆皇帝一个人知晓，但秘密立储这件事已经向军机大臣们宣布了。5 年过后，乾隆皇帝就向天下公开宣布了。

15 岁那年，永琰结婚了，这也标志着他成人、成家了。永琰搬出毓庆宫，住进乾东二所，开始独立生活了。他的嫡福晋是喜塔腊氏，老丈人是满洲正白旗副都统、内务府总管和尔经额。喜塔腊氏后来生下了儿子绵宁（后来的道光皇帝）和两个女儿。

永琰 16 岁那年，他 49 岁的母亲令皇贵妃因病去世了。1 年过后，永琰 17 岁时，乾隆皇帝给他安排了朱珪（guī）作为他的老师。

## “味余书室”的由来

朱珪 18 岁就考中了进士，乾隆皇帝称赞他说：“朱珪不光文章写得好，品德也端正。”所以在乾隆四十年（1775

年），乾隆皇帝就召见他，让他做侍讲学士，次年在尚书房教书，做永琰的老师。朱珪比永琰年长29岁，他不仅教知识，而且教永琰做人、做事的道理，所以永琰非常敬爱他，这也是他最敬重、最喜欢的老师。

永琰在乾东二所有一个书房，是朴朴素素的5间房，没有雕饰，也没有彩绘。永琰一有时间就来到书房，读经、学史、写诗、作文，或者临帖一幅，怡然自得，饶有情趣。有一天，他请朱珪给书房题名，朱珪说："勤学的人时间总是有余，懒惰的人时间总是不足，时间有余就可以品味学问，就叫'味余书室'吧！"永琰仔细琢磨朱珪这番话，品味"余"字的意义。"余"就是剩下的、多余的时间，比如冬天是一年中的农余时间，夜晚是一天中的闲余时间。宋代大文豪苏轼有这样的诗句，"醉饱高眠真事业，此生有味在三余"，意思是说他这辈子最值得回味的是这所谓闲余的时间。永琰在《味余书室记》中写道："无论冬天还是夜晚，公事之余，都是读书学习的好时光。先生给书房题的这个名字，是对我的鞭策，这个'余'字值得我不断地去品味、去探求。"

有一次，朱珪奉命去福建主持考试，临行前赠给永琰五词箴言：养心、敬身、勤业、虚己、致诚。简单说，养心，就是修养心灵；敬身，就是爱护身体；勤业，就是努力学习工作；虚己，就是谦虚谨慎；致诚，就是特别真诚。永琰这年刚 21 岁，朱珪的嘱咐深深地影响了他，他一直照着朱珪的箴言努力去做。直到他后来做了皇帝，还把这五词箴言写下来，放在身边。从这五词箴言，也可以看出朱珪是一位正直的、有深厚文化底蕴的好老师。

乾隆皇帝后来发现朱珪对永琰的影响很大，就有些忌惮，把朱珪调到外地做官。此后，永琰经常写信、写诗给朱珪，表达关切和想念之情。

## 稳坐龙椅

乾隆五十四年（1789 年），永琰被封为嘉亲王。乾隆六十年（1795 年）九月初三，乾隆皇帝在他登基 60 年那日，召集皇子、皇孙和王公大臣，取出已经存放在乾清宫“正大光明”匾后面 22 年的谕旨，宣布永琰为皇太子。毓庆宫成了皇太子居住的宫殿，永琰一家搬去居住。嘉庆元年（1796 年）元旦，也就是正月初一，在太和殿，乾隆皇帝把“皇帝之宝”大印亲自交给永琰，并派官员登上天安门城楼，宣读自己的传位诏书，将皇位禅让给了儿子永琰。考虑君主名讳，“永”字为常用字，避讳不便，便将永琰的“永”字改为不常见的“颙”（yóng）字，永琰的名字就改为颙琰。

这一年，颙琰 37 岁，他正式结束了在味余书室的皇子生活，成为嘉庆皇帝。乾隆皇帝虽然退位，但并没有把实权交给嘉庆皇帝，自己又以太上皇的身份进行了 3 年的统治，这个时候的嘉庆皇帝还是暂时居住在毓庆宫。此时他居住的毓庆宫较儿时已经做了很大的改造和修缮，正殿后面有一座“工”字形的后殿，后殿正中的墙上悬挂着乾隆皇帝题写的“继德堂”匾额，西面是藏书室，最东面是书房，墙上悬挂着他自己亲笔题写的“味余书室”匾额。

颙琰从6岁到36岁的30年里，一直过着皇子的书斋生活，虽然 37 岁成为皇帝，但直到嘉庆四年（1799 年）乾隆皇帝去世后，他才得以亲政。他没有带兵打过仗，没有做过钦差到地方了解百姓的生活，也没有做过官员治理一方，这让他缺少了在实践中的历练和艰苦环境下的锤炼。不过，在这 30 年做皇子的磨炼中，他每日勤学读书、充实自己，又有朱珪这样的好老师对他谆谆教导、不断鼓励，让他逐渐成熟起来，去承担起做皇帝的重任。味余书室就是一个最好的见证。

# 盛世下的危机

什么事能成为嘉庆皇帝心中的刺？

之前讲到，嘉庆皇帝继承了表面上看着繁荣昌盛的大清江山。他在位的 25 年里，确实逐渐地解决了很多乾隆时期留下的问题，却也渐渐地让清朝陷入了进一步衰落的危机之中。而他自己——堂堂一国之君居然在皇宫内两次遭遇危险。

## 陈德行刺案

嘉庆八年（1803 年）闰二月二十，嘉庆皇帝从圆明园回宫，由神武门进入皇宫。就在他刚经过神武门，要进顺贞门的时候，突然，一个壮汉拉着一个男孩，从顺贞门外的墙后面跑过来，手里还举着刀。嘉庆皇帝吓得匆忙逃进顺贞门里，而在场的侍卫、护军加起来有 100 多人，都被这个壮汉吓得呆若木鸡，一时之间竟然没有人上前拦阻。只有定亲王绵恩、固伦额驸亲王拉旺多尔济、御前侍卫丹巴多尔济等 6 人还算镇定，扑上前去和壮汉搏斗。搏斗中绵恩的袍袖被刺破，丹巴多尔济也被刺伤，最后只抓住了那个壮汉，那个男孩则趁乱逃走了。

居然有人敢明目张胆地在皇宫内行刺，这让嘉庆皇帝感到异常震惊，他命军机大臣会同刑部尚书，日夜严审刺客。

经过一系列的拷问和察访，最终得知这名刺客名叫陈德，曾在镶黄旗人、山东青州府（今山东省青州市）海防同知[①]松年的家中为奴。松年去世后，14 岁的陈德跟随父母在青州、济南等地，给人服役或做佣工，每日辛苦劳作，勉强度日。陈德娶妻后，携妻子到京城投靠外甥——内务府正白旗护军

①官名，正五品，专管海防事务。

姜六格，后来又随镶黄旗包衣常索在内务府服役，帮忙配送嘉庆皇帝的妃子刘佳氏的碗盏等物。刘佳氏在后宫很有地位，陈德因给皇帝的妃子跑腿而得以进出皇宫，对皇宫进出的路线非常熟悉。后来，陈德与妻子在孟明家做厨子时，陈德的妻子病故，留下了两个儿子，陈德又被孟家解雇。

陈德生活在社会底层，他贫穷苦闷，作为奴仆，经常要跟官服役。在此过程中，他见识到了上层贵族的腐朽生活，目睹过皇室的穷奢极欲，而他自己却是饱尝辛酸、受尽欺凌。他感到世间不公，内心逐渐产生了一种反抗情绪。妻子的病故和孟家的解雇，刺激得陈德精神也不太正常了，他时常醉酒，在院子里放声高歌或大声哭笑。

在这段痛苦难过又穷困潦倒的日子里，陈德想起自己在嘉庆二年（1797 年）时做的一个梦——他梦到自己穿上了蟒袍。于是他特意去求了个签，签上说他有“朝廷福分”。陈德觉得自己现在虽然穷苦，但是有过好梦，又抽到吉签，肯定会有什么飞黄腾达的机遇。正好他在街上看到官兵在用黄土垫路，又听说嘉庆皇帝将在二月二十回宫，陈德就计划刺杀皇帝，取而代之。他又想：“如果我不成功，就是犯了惊驾之罪，一定会把我乱刀砍死，这倒也痛快。”于是在嘉庆皇帝回宫这天，陈德带着大儿子陈禄儿，从东华门进宫，绕到神武门内，躲在顺贞门外西厢房的墙后面等待时机。

这就是震惊朝野的“陈德刺杀案”，最后以陈德和他的两个儿子被判死刑告终。

## 天理教之乱

没想到10年之后，又发生了天理教教徒攻进皇宫的事件。

当时，反清教派天理教经常在北京南郊大兴地带活动，这一带的天理教首领叫林清。林清和河南滑县（今河南省安阳市滑县）的天理教首领李文成，约定于嘉庆十八年（1813年）九月十五同时起事，要颠覆清廷的统治。

已经投靠林清的八旗汉军、正黄旗曹福昌建言说：嘉庆皇帝木兰秋狝，返程时将于九月十七抵达白涧行宫（今天津市内），到时候留京的大臣会出城迎驾。若在那一日趁着京城守备空虚再起事，成功的把握较大。但林清认为九月十五的起事日期为“天定”，不宜更改，依然决定如期进行，攻打皇宫。

林清这次行动主要依靠的是皇宫里的太监。这些太监深受天理教的影响，是林清在宫廷中的内线，此次行动由他们负责内应并做向导。林清在黄村坐镇指挥，派出70余人分为两队：东队进东华门，由太监刘得财、刘金为向导；西队进西华门，由太监张太等人为向导，太监王福禄等人在宫里应援。他们约定以头上包白色头巾作为自己人的标志。

九月十四，这 70 余人化装成小商贩等，各自藏着兵器，分别在菜市口、珠市口、鲜鱼口等处会合。九月十五早晨，这些教徒从宣武门悄悄进入内城，然后按照计划分成东、西两队，潜伏在东华门、西华门外。当天中午，他们在宫里太监的接应下，开始分别攻闯东华门和西华门。

结果，东华门一路的教徒被守门官兵发现了，只有 5 人闯进东华门，经过激烈搏斗，这 5 人也被擒杀。西华门一路约有 50 人冲进西华门，然后他们关上西华门，一路向东，冲到隆宗门前。

在乾清门前，有一个狭长的大院落，隆宗门就是这个大院落的西门，也就是说，如果闯进隆宗门，也就进入了乾清门和养心殿的范围。

皇宫守军发现这些教徒后，连忙关闭了隆宗门，双方在隆宗门外发生激战。我们今天参观故宫，还可以看到隆宗门门额上的断箭，据说就是在这次激战中留下的。

正在尚书房读书的皇子们听说出事了，纷纷行动起来。皇次子绵宁一面急忙命令侍卫准备弓箭、鸟铳（chòng）、腰刀，一面派心腹太监登上宫墙察看情况。这时，绵宁发现有人翻过宫墙，手举白旗，正在靠近养心门。绵宁沉着地发射鸟铳，连中 2 人；皇三子绵恺紧随其后，也开枪击中 1 人。礼亲王昭梿（lián）等人得知后，急忙率领宫廷禁兵从神武门进入皇宫增援，又调来1000多名火器营官兵加入战斗。剩余教徒退到武英殿前，最终全被擒杀。

后来经过一番搜查，内应太监也都被擒获。九月十七，林清在黄村被捕。至此，天理教教徒进攻皇宫的军事行动宣告失败。

嘉庆皇帝当时不在皇宫，他刚结束了木兰围猎，原本打算去遵化谒陵，惊闻宫里发生这么大的事情，就立即改变行程，直接回到了京城。在回宫的路上，嘉庆皇帝颁布了《遇变罪己诏》，称此次事件为“汉唐宋明未有之事”，但“变起一时，祸积有日”。

如果说10年前的陈德行刺案是个案，具有一定的偶然性，还不能给嘉庆皇帝敲响警钟，那这次的动乱足以让嘉庆皇帝清晰、明确地认识到大清的江山已经岌岌可危了。

## 嘉庆皇帝心中的刺

天理教之乱平息后，嘉庆皇帝加强了皇城的防卫措施：通过严格执行保甲法，建立起严密的治安网，以便稳定秩序；对太监严加管束，禁止他们随便出入皇宫；不准八旗宗室、旗人居住城外；在皇城内外、京城九门，乃至圆明园增设哨卡，添置、整修防御工事和设备，增加驻防军队；严格规范皇宫内值班大臣的交接班制度等。

这一年的十月初六是嘉庆皇帝的54岁生日，也是当时的万寿节，文武大臣本应该穿朝服7日，并在圆明园正大光明殿举行庆贺典礼，以示对皇帝生日的敬重。但是嘉庆皇帝没有什么心思过生日了，他说："今年遇到这样的祸事，若仍然按照往年的典礼来，朕实在无颜接受。况且告急的军书频频传来，邪佞也没有清除，哪有心思宴乐呀？"

这次事件已经成了嘉庆皇帝心中的一根刺，直到他去世的前一年，还在大臣的奏疏中写下："有天良之大臣，永不忘十八年之变。丧尽天良之辈，早已付之云烟之外。"

皇帝在皇宫里遇刺，皇宫又被天理教教徒攻入。这在明清两朝600多年故宫历史上，先例没有，后来也无。这预示着大清的江山早已不像看起来那样稳固，它正在迅速地走向衰败。

# 道光年间的鸦片烽火

## 绵宁继位为什么是众望所归？

上文讲到天理教教徒攻入了皇宫。在这紧急关头，正在尚书房读书的皇次子绵宁临危不惧，率先拿着鸟铳冲出尚书房，射倒两名教徒，而后立即派人向远在木兰围场狩猎的父亲嘉庆皇帝奏报，又到储秀宫安抚皇后钮祜禄氏，稳定后宫。接着，绵宁亲自率领侍卫到西长街一带巡视，直到官兵平定了天理教之乱。

绵宁在这一重大事件中的表现，让他在内廷上下威望大增。嘉庆皇帝在回京途中得到奏报后，当即晋封绵宁为智亲王。这一年，绵宁 32 岁。

## 文武双全的皇次子

绵宁在危急关头还能镇定自若、有条不紊，这和他小时候的性格不无关系。早在绵宁 10 岁那年，他就跟随着祖父乾隆皇帝参加木兰秋狝。在猎场中，绵宁张弓射箭，竟然射中了一头鹿。乾隆皇帝非常高兴，因为他自己第一次打到猎物是 12 岁时，而孙子绵宁第一次参加围猎就打到了一头鹿，比当年的自己还小了 2 岁呢！

绵宁 18 岁的时候，嘉庆皇帝就把他秘密立为皇太子了。但绵宁自己并不知道，他依旧每天在老师们的教导下，静心读书、修心养性。他不但写成了《养正书屋诗文集》40 卷，还亲笔书写了“至敬”“存诚”“勤学”“改过”4 张条幅，挂在书房中，勉励和鞭策自己。

尽管绵宁有出色的表现，又被秘密立为储君，但在他继承皇位时，还是出现了风波。这是怎么回事呢？

## 绵宁的继位风波

嘉庆二十五年（1820 年）七月，绵宁随父亲嘉庆皇帝来到承德避暑山庄，准备参加一年一度的木兰秋狝。但是没想到，嘉庆皇帝突然在七月二十四这一日感到身体不适，第二天竟去世了。面对突如其来的状况，随行的大臣们一时无比慌乱。消息传到身在京城的皇后钮祜禄氏那里后，皇后忙派人去取“正大光明”匾后面的锦盒，那里面有嘉庆皇帝的立储谕旨，但却没有找到锦盒。

情急之下，皇后发出懿旨：“皇次子绵宁，仁孝聪睿，端正纯厚，皇帝让他跟随在身边，说明皇帝对他非常倚重。但仓促之中，皇帝没来得及降下谕旨让他继位。因此我特降懿旨，命绵宁继承皇位。”

与此同时，在避暑山庄这边，内务府大臣禧恩向随行的官员建议：皇次子绵宁之前立下定乱之功，应当继位。虽然禧恩是睿亲王淳颖的儿子，出身宗室，地位尊贵，但是他并没有权力建言皇储大事，所以他的建议没有得到军机大臣托津、戴均元等人的赞同。

托津、戴均元督促嘉庆皇帝身边的人打开随行的箱子查找，还是没有找到锦盒，最后在一个侍卫的身上发现了一个带着锁的小金盒。托津打开锁，发现盒子里放着的正是立绵宁为皇太子的那份谕旨。原来嘉庆皇帝没有把这个小金盒放在“正大光明”匾后面，而是让身边的侍卫随身携带着。托津和戴均元拿出谕旨，宣示嘉庆皇帝御笔亲书立绵宁为皇太子。随后，皇后的懿旨也到了避暑山庄。于是，绵宁便以皇太子的身份下令护送嘉庆皇帝的灵柩回京，并尊皇后钮祜禄氏为皇太后。

皇位的继承，无论是皇后钮祜禄氏，还是宗室禧恩，本来是没有权力发表意见的，但是在没找到传位诏书的情况下，他们的意见不约而同，说明绵宁继承皇位是众望所归的。嘉庆二十五年八月，绵宁继承皇位，成为道光皇帝。因为道光皇帝名讳中的“绵”字是常用字，为了方便官员和百姓避讳，特意改名为旻（mín）宁。

## 轰轰烈烈的禁烟运动

在道光皇帝执政的 30 年里，他称得上是一位勤政、节俭的皇帝，也做了不少像惩治贪官、治河通漕、清查盐政这样的好事，但道光皇帝面临的是前所未有的国际环境。同时代的英国早已通过工业革命迅速地走到了世界前列，而中国仍然沿着封建体制路线运行着。

道光皇帝面临的最大威胁，正是来自英国。自乾隆皇帝下令限制英商只可在广州贸易以来，英国多次派使者来中国谈判，希望清朝政府取消对英商的禁令与限制，都遭到了拒绝。于是，英国人想出了一个坏主意——向中国走私鸦片。鸦片泛滥给中国带来了深重的灾难。白银的大量外流直接威胁到清政府的财政；许多官员、士兵吸食鸦片，不仅严重摧残了他们的体质，还导致了政治腐败和军队战斗力被削弱的恶果。

道光皇帝自继位之日起，就发布了一系列严禁鸦片的谕旨。道光十八年（1838 年），道光皇帝召湖广总督林则徐入京，先后在皇宫召见了他 19 次。十一月十五，道光皇帝命林则徐为钦差大臣，让他迅速前往广东禁烟。林则徐到广东后，派人明察暗访，缉拿烟贩。英、美等国的商贩被迫陆续缴出鸦片 237 万余斤。道光十九年四月（1839 年 6 月），在林则徐的主持下，收缴的鸦片被集中到广东东莞的虎门海滩，全部公开销毁！虎门销烟的壮举，是道光皇帝禁烟政策的伟大胜利，也显示了中华民族反抗外来侵略的坚强意志。

为了维护罪恶的鸦片贸易，打开中国的大门，英国人派出军舰，发动了对中国的侵略战争——鸦片战争。英国舰队侵入中国沿海，于道光二十二年（1842 年）七月，兵临南京城下。而此时的道光皇帝早就没有了 10 岁射鹿、32 岁射鸟铳的果敢和决断。在两次大规模的抵抗宣告失败后，清政府派遣的代表在英国的武力威胁下，签订了中国近代史上第一个不平等条约——中英《南京条约》。

至此，西方侵略者用武力打开了中国的大门，中国逐步沦为半殖民地半封建社会。道光皇帝也成了中国帝制史上第一个同西方侵略者签订不平等条约的皇帝。

# 林则徐和他的朋友们

林则徐的身边为什么都是人才？

上文讲到林则徐虎门销烟，他的壮举维护了中华民族的尊严，向世界宣示了中华民族反对外来侵略的坚强意志，但也成了英国进一步侵略中国的借口，林则徐因此被革职流放。道光二十一年（1841 年）五月，林则徐被流放到新疆伊犁。在流放的这段最艰难的人生时光里，林则徐并没有气馁，仍然尽心尽力地为国家和百姓贡献着力量。林则徐重视交友，以正直的人格结交正人君子为友，这些与林则徐志同道合的君子，为当时浑浊的官场注入了汩汩清流。

## 《海图国志》的诞生

道光二十一年（1841 年）七月，林则徐在前往新疆伊犁的途中，路过镇江时见了一个人——魏源。魏源是湖南邵阳人，是清末启蒙思想家、政治家、文学家。虽然魏源当时还没有考中进士，但是他很有才华。

林则徐这次见魏源是为了将《四洲志》的书稿交给他。这部书稿是林则徐在广东的时候，为了解西方国家的情况，派人翻译外文书报并汇编而成的。林则徐希望魏源能据此编纂一部介绍西方国家的书。面临被流放的噩运，林则徐竟然还与魏源彻夜长谈国家大事，这令魏源非常感佩。

后来，魏源写成《海国图志》100 卷，主张“师夷长技以制夷”，也就是学习西方的先进技术，以此抵抗外国侵略。

## 仗义执言的王鼎

林则徐为国立功，却遭发配，很多人都为他鸣不平，其中有一个人就是王鼎。王鼎是陕西蒲城（今陕西省渭南市蒲城县）人，小时候家里很穷，但是他刻苦学习，崇尚英雄，很有志气。嘉庆元年（1796 年），王鼎考中进士，以其才干和品行得到了嘉庆皇帝的信任，逐步晋升，屡任要职。

早在嘉庆二十一年（1816 年），年轻的林则徐到南昌做江西乡试副主考官时，就和当时任江西学政的王鼎结识了，还得到了王鼎的器重。后来王鼎又得到道光皇帝的信任，先后任左都御史、军机大臣、东阁大学士，入直上书房[①]。道光二十一年（1841 年）八月，黄河在开封祥符（今河南省开封市祥符区）决口，王鼎奉命前往督办修河工程，他上奏疏请求道光皇帝让有治河经验的林则徐去往开封治河。于是，正赶赴新疆的林则徐便折回开封效力。

经过半年的日夜奋战，第二年二月，工程竣工，王鼎晋升为太子太师，而林则徐却仍被发往伊犁。75 岁的王鼎在黄河边为林则徐送行，想到林则徐的遭遇，王鼎忍不住老泪纵横。后来，王鼎又多次面见道光皇帝为林则徐求情，直到生命的最后都在为林则徐据理力争。虽然王鼎最终也没能让道光皇帝宽恕林则徐，却也足见王鼎与林则徐之间既难得又真挚的友情。

① 原“尚书房”，道光年间奉旨改为“上书房”。

## 亲力亲为的林公

道光二十二年（1842年）十一月初九，林则徐来到了新疆伊犁的惠远城。在这里，林则徐见到了伊犁将军布彦泰。布彦泰对林则徐非常钦佩，经常向林则徐虚心请教，在生活上也给了他很多照顾，后来还帮助林则徐兴修水利工程，又上书朝廷为他表功。

当时，惠远城东开荒屯田，需要开挖一条大灌渠。林则徐提出“分段承修”的施工方法，并主动捐资承担了整个工程中难度最大的龙口首段的施工。道光二十四年（1844年）五月，挖渠工程开工，林则徐带领他的两个儿子日夜奋战在工地上。1年后，灌渠工程完竣。这条大渠全长200多千米，从哈什河引水贯通至惠远城西北的乌合哩里克河，使伊犁河北岸130多平方千米的农田得到灌溉。这是清代伊犁开屯以来最大的水利工程，被当地人民亲切地称为“林公渠”，至今还在发挥着作用。

## 夜幕下的对话

道光二十五年（1845年）十一月，道光皇帝终于再次重用林则徐，先后任命他为陕甘总督、陕西巡抚、云贵总督。

道光二十九年（1849 年）十一月，林则徐身染重病，告老还乡。在路过湘江时，林则徐指名要见当地的一位书生，这位书生便是左宗棠。当时的左宗棠 3 次参加科举考试都名落孙山，不过是一介白丁，但林则徐慧眼如炬，认为左宗棠有经天纬地之才。

65 岁的林则徐与 38 岁的左宗棠神交已久，在此之前素未谋面，却一见如故，两人在舟上彻夜畅饮倾谈。林则徐分析西部局势，提出中国的海防和塞防应该并重，并预见：中国的大患，是沙俄！他将有关沙俄在边境的政治军事动态，和自己的战守计划等材料全部交给左宗棠。这次“湘江夜话”对左宗棠产生了很大影响，后来他经略西北，反抗沙俄的侵略，收复新疆，为中国的统一做出了重要贡献。

道光三十年（1850 年）九月，林则徐作为钦差大臣，在前往广西的路上病逝，享年 66 岁。林则徐为官，始终以清廉、谨慎、勤勉为准则；交友，以真诚的态度结交正人君子。林则徐适逢中西社会大变革时代，但是他开眼看世界，挺身抗击侵略，以铮铮铁骨维护国家独立和民族尊严，是伟大的爱国民族英雄。林则徐写下的“苟利国家生死以，岂因祸福避趋之”成为传颂千古的名句，激励着许多中国人披荆斩棘，为国为民，死而后已！

# 愚蠢的傲慢

傲慢会带来什么后果？

鸦片战争的失败，让道光皇帝的颜面尽损，他的雄心壮志也受到了严重打击。道光三十年（1850年）正月十四，道光皇帝在圆明园病危，当众立皇四子奕詝（zhǔ）为皇太子后就去世了。随后，年仅20岁的奕詝继位，年号“咸丰”。

## 一艘船引发的战争

咸丰六年（1856年），英国人又来了，一同前来的还有法国人、美国人。他们向清政府提出，要修改之前签订的《南京条约》等一系列条约，目的是想在中国谋取更多的特权和利益。面对如此复杂的局势，咸丰皇帝该派谁来应对呢？经过慎重思考，他最终选择了体仁阁大学士、两广总督——叶名琛。

叶名琛是湖北汉阳（今湖北省武汉市汉阳区）人，曾在广州打退过英国侵略者，因此受到过朝廷的表扬和提拔，所以很自负。在跟外国人来往的时候，他就写几个字答复，或者干脆不理睬。

咸丰六年（1856 年），清朝水师巡河时查获了一艘装有走私货物的船，船上挂着英国国旗，于是水师千总[①]就带兵拔掉旗子，抓捕了船上的 13 个人。英国领事巴夏礼写信向叶名琛问责，叶名琛将 13 个人送还，但巴夏礼拒不接受，要求必须把抓人的水师千总一并交给他处置，叶名琛置之不理。巴夏礼又派人来说："后天中午不送来，我们就要进攻广州。"自负的叶名琛认定巴夏礼不敢，一直不予理睬。英国军舰第 3 天竟然真的闯进虎门，进入珠江，夺取了猎德等主要炮台。

①清朝水师中的一个副职，管辖 500 余人。

然而叶名琛依旧不重视，对部下说："肯定没事，他们天黑了就会走的。"又下令水师不可放炮还击。结果，英国侵略军进一步占据了凤凰山、海珠等炮台，还利用清军炮台的大炮，轰击广州外城。叶名琛派人去问责，英国人借机提出进城面谈，但叶名琛不答应；他们又要求在城外会谈，叶名琛还是不答应。双方继续僵持，战况持续恶化，叶名琛惧怕敌人的火器，不敢奋力杀敌。百姓们见此非常愤怒，于是烧毁了英、法、美在广州郊区的洋行商馆，还围攻珠江江面上的英国军舰，英军才被迫撤出虎门海口外，但百姓们也损伤惨重。

这一次入侵，英国仅凭3艘军舰、10多只划艇和不足2000人的兵力，竟然闯进了设防严密的虎门海口，直达广州。而防守的清军是敌人兵力的8倍多，结果却丢了10多个炮台。叶名琛的不理睬、不抵抗，是愚蠢的傲慢，也是失败的重要原因。

## 第二次鸦片战争开始

叶名琛在英军撤出虎门海口外之后，向咸丰皇帝谎报军情，说此战获得了胜利。咸丰皇帝立即指示他和侵略者议和，最重要的是停止战争。

不久，英国派特使额尔金来广东，并聚兵在澳门、香港，要求赔偿。叶名琛以他言语狂悖为由，拒不答复，也不布置设防。叶名琛多次上奏疏给咸丰皇帝说：“英国国王厌战，广东的事情都是英国特使额尔金等人所为，他们坚持不了多久就会退了。”咸丰皇帝给他下密诏，让他不要轻视敌人，但是对他依旧非常信任。咸丰七年（1857 年）九月，英、法、美的军队突然而来，百姓们骤然看到外国联军，惊恐万分，都怀疑叶名琛是表面上拒绝赔偿，暗地里却顺从，因此人心涣散。十一月，敌军在城外张贴通告，说 24 小时后要攻城，劝百姓们离城避祸。然后英法联军炮击总督署，放火烧城，广州陷落。

城门被破后，叶名琛乘夜躲进左都统署，被英国人搜了出来，抓到了军舰上。广州将军和巡抚赶紧将情况报告给咸丰皇帝，咸丰皇帝下诏书斥责叶名琛，说他刚愎自用、办事不力，免了他的职务。叶名琛后来被英国人押到印度，囚禁在“镇海楼”上。他在那里写字作画，署名“海上苏武”，不到 2 年就死了。

## 惨痛的代价

英法联军占领广州后继续北上。咸丰八年（1858 年）四月，英法联军攻陷大沽口炮台，逼近天津，清军 8000 余人溃败。咸丰皇帝派大学士桂良、吏部尚书花沙纳为钦差大臣，赴天津谈判，最终与沙俄、美、英、法四国代表分别签订了《天津条约》。然而，《天津条约》并没有满足侵略者的野心。

咸丰十年（1860 年）六月，英法联军以进京换约时曾在大沽口被清军武力阻拦为借口，再次向大沽口发起进攻，僧格林沁率部迎战英法联军，守卫大沽，4000 骑兵几乎全部阵亡，英法联军进占天津。咸丰皇帝又多次派人去和英法联军议和，但因双方条件未能谈妥，英法联军怒不可遏，一路攻向北京。

咸丰皇帝见势不好，就推出皇六弟奕䜣作为钦差大臣，谈判议和，自己却以木兰秋狝的名义逃往承德避暑山庄。英法联军打进北京，沿德胜门外向西而行，于八月二十二攻占圆明园，在这个规模最大的皇家园林中大肆抢掠了不计其数的艺术珍品，然后纵火焚园。大火冲天，遮天蔽日，连烧 3 天，这座举世瞩目的世界园林从此不复存在。九月十一，奕䜣先后与英、法两国代表签订了《北京条约》。

第二次鸦片战争使中国丧失了更多主权，英国、法国、美国等西方侵略势力由东南沿海一带深入长江中下游地区，沙俄也趁机占领了中国北方大片领土。中国的半殖民地化程度进一步加深。

# 惊心动魄的3个月

咸丰皇帝的良苦用心为什么会付诸东流？

前文讲到咸丰皇帝在英法联军攻向北京时，仓皇逃到承德避暑山庄。看着这里的青山绿水，咸丰皇帝暂时忘掉了英法联军带来的羞辱和烦恼，但当他听说圆明园被毁之后，好像自己的生命被一起烧掉了，生命之火随之暗淡下来，最终一病不起，仿佛要随着圆明园中的雕梁画栋一同化为灰烬，

他不得不开始安排接班人。当时，咸丰皇帝才 31 岁，只有一个皇子，就是懿贵妃生下的载淳。载淳刚满 6 岁，这么小的孩子要怎么继承大业呢？

## 咸丰皇帝的良苦用心

咸丰皇帝想到了一个好主意。为了避免权力集中在一两个人手中，他同时任命了 8 位顾命大臣，组成“顾问班子”，让他们互相牵制。其中最重要的是 3 位皇亲贵族：怡亲王载垣（yuán）、郑亲王端华，还有端华的弟弟——户部尚书肃顺。同时，咸丰皇帝赐给皇后一方“御赏”印，赐给载淳一方“同道堂”印——由懿贵妃暂管，并规定以后皇帝的谕旨，开头盖“御赏”印、结尾盖“同道堂”印才能生效。这样，皇后和懿贵妃就对谕旨的颁布有了否决权，从而限制八大臣的权力；两枚印章分别交给皇后和懿贵妃，也有通过皇后限制懿贵妃权力的用意。

在咸丰皇帝看来，八大臣是一方，皇后和懿贵妃是与之抗衡的另一方，两方势均力敌，必须通过双方合作才能行使权力。这样多方力量互相牵制，可以避免某一方大权独揽，从而达到制衡。咸丰皇帝对自己的安排非常满意，觉得这样就万无一失了。

## 双方的互相试探

咸丰皇帝在咸丰十一年（1861 年）七月十七去世，25 岁的皇后钮祜禄氏被尊为“母后皇太后”，27 岁的懿贵妃叶赫那拉氏被尊为“圣母皇太后”。

不久，两宫皇太后召见顾命八大臣，商议新任皇帝的谕旨怎么颁发、官员的奏折怎么处理。顾命八大臣趁机提出：皇帝的谕旨由他们拟定，两宫皇太后不可对谕旨进行更改，只管盖章就行了；官员的奏章也不必呈给两宫皇太后阅览。两宫皇太后坚决驳回，提出她们对谕旨有授意权、审阅权、修改权、钤印权和否决权——也就是她们拥有皇帝的一切权力。双方僵持不下，最后，顾命八大臣终于让步，同意了她们的要求。这一次交锋，两宫皇太后虽然占了上风，但是她们也看清了顾命八大臣觊觎皇权的野心，她们需要帮助，于是就想到了在北京的恭亲王奕䜣。两宫皇太后通过同在避暑山庄的醇郡王奕譞（xuān）和他的福晋——圣母皇太后的妹妹，辗转联系到了在北京的奕䜣。

奕䜣在北京正着急呢，皇兄的遗诏安排了顾命八大臣，却没把自己安排进去，这是怎么回事呢？看到两宫皇太后送来的消息后，他明白了顾命八大臣的野心，来不及细想就前往避暑山庄觐见两宫皇太后，帮两宫皇太后策划了铲除顾命八大臣的计划。奕䜣还向两宫皇太后保证外国人不会参与这次政变，打消了她们的顾虑。随即奕䜣先返回北京进行准备。

八月初八，两宫皇太后收到一份奏折，是山东道监察御史董元醇递上的《奏请皇太后权理朝政并另简亲王辅政折》，主要内容是请两位太后垂帘听政并请奕䜣辅佐朝政。这不是明摆着要废掉顾命八大臣吗？八大臣得知后特别气愤，但两宫皇太后看后却是大喜。八月十一，两宫皇太后召见八大臣，商议董元醇所奏的垂帘听政制度，但端华怒气冲冲地顶撞两宫皇太后，其余几个大臣也大声抢白，表示极力反对。两宫皇太后气得手发抖，6 岁的载淳被吓得大哭起来，最后不欢而散。之后的几天里，八大臣通过“罢工”表示抗议，两宫皇太后只能做出让步，在八大臣起草的驳斥董元醇的谕旨上盖了章。

这次事件表面上看是八大臣占了上风，实际上却为他们埋下了一颗重磅炸弹，让两宫皇太后坚定了她们铲除八大臣的决心。

## 两宫皇太后的重磅反击

九月初一，大学士桂良等人上奏，恭母后皇太后钮祜禄氏徽号为“慈安皇太后”，圣母皇太后叶赫那拉氏徽号为“慈禧皇太后”。九月初四，两宫皇太后以退为进，任命顾命八大臣中的端华为步军统领。端华谦虚推辞，两宫皇太后却顺势同意了他的请辞，转而任命奕譞为步军统领，掌握了卫戍京师的军权，让顾命八大臣吃了个哑巴亏。不久，奕譞又兼管了善捕营事。

九月二十三，咸丰皇帝的灵柩启行回京，两宫皇太后和载淳的队伍从小路先走；咸丰皇帝的灵柩走大路，由肃顺等人随行。一回到北京，两宫皇太后立即在皇宫召见了奕䜣和桂良、周祖培、贾桢、文祥等人，向他们哭诉顾命八大臣的罪行。周祖培老谋深算，就直言道：“为什么不重治他们的罪行？”慈禧太后明知故问道：“他们是顾命大臣，怎么能治罪呢？”周祖培出了个主意：“皇太后可以先降旨解除他们的职务，再问责他们。”

随后，周祖培等人上书恳请两宫皇太后亲操政权，两宫皇太后就拿出由醇郡王奕譞在避暑山庄写好的谕旨，当场宣布了顾命八大臣的三大罪状：一是抵御外敌不力，致使皇家园林被毁，咸丰皇帝被迫逃往承德；二是阻止咸丰皇帝回銮，导致咸丰皇帝身体欠佳，最后因病去世；三是随意篡改谕旨，反对垂帘听政。最后，顾命八大臣都被革职拿问，辅政体制还没发挥作用就被完全击碎，两宫皇太后从此正式走上政治舞台，掌握政权。

为了稳定局势，两宫皇太后任命奕䜣为议政王兼军机大臣，又授他总管内务府大臣和宗人府宗令。这样一来，奕䜣就掌握了朝中的几个最重要的职务，成为权力仅次于皇帝和两宫皇太后的第一大臣，他的权力凌驾于其他大臣之上，享有相当大的权力。

十月初五，两宫皇太后将咸丰皇帝给载淳定的年号“祺祥”改为“同治”，意为“两宫皇太后与众大臣共同治理朝政”。十月初九，载淳在太和殿举行继位大典，成为同治皇帝。

# 第一批公派小留学生

小小留学生为陈旧的中国带来了什么？

同治皇帝在位期间，国内外环境都相对安宁。对内，正好是太平天国运动之后的稳定期；对外，正好是英法联军侵华后的缓和期。在这段时间里，议政王奕䜣和两宫皇太后互相配合，推行了一系列新政，即“同治新政”，也可以称作“洋务运动”。

这些新政主要是什么呢？比如，成立“总理各国通商事务衙门”，简称“总理衙门”，这是2000多年来第一个专门处理外交事务的中央机构，类似于现在的外交部；设立了第一所以培养外语翻译、洋务人才为目标的官办外语专门学校——同文馆；兴办近代军工厂，购买英国、德国军舰，初建水师学堂等。这些新政的推出，对中国学习西方先进的科学技术和培养人才起到了积极作用。

## 第一位走出国门的官员

当时，清朝的海关总税务司由英国人赫德担任。同治五年（1866年）春天，赫德要回英国结婚，向奕䜣请了6个月的假，并提议清政府派人跟他一起去西方考察。这正合奕䜣的心意，于是他将此事上奏给两宫皇太后，得到了批准。

可当时的官员们都不愿意，也不敢出国考察，只有赫德身边的秘书斌椿报了名。这一年，斌椿已经63岁了，他是第一位受清政府派遣到西方考察的政府官员。同治五年（1866年）正月初八，斌椿奉旨带领3名同文馆的学生及儿子斌广英前往西方游历。他们从上海乘轮船出洋，在欧洲游历了100多天，先后访问了法国、英国、荷兰、丹麦、瑞典、沙俄、比利时等11个国家。

后来，斌椿将这次考察写成了《乘槎（chá）笔记》一书，书中记录了他第一次亲眼看到的火车、轮船、电报、电梯、印刷机、蒸汽机、照相机、起重机、抽水机、幻灯机、显微镜等新鲜事物，还有他参观纺织厂、兵工厂的过程。斌椿一行人还去参观了埃及的金字塔、欧洲博览会、大英博物馆、近代报社、高等学院、凡尔赛宫、凯旋门等，他通过这本书，把他所看到的西方科技与文明介绍给了国人。

## 来自东方的小小留学生

有了官员出国考察的成功经验，清政府开始准备派遣幼童出国留学，也就是大家都知道的“幼童出洋”。这件事的倡导者是容闳。

容闳是中国近代史上第一位留学美国的人，还取得了耶鲁大学文学学士的学位。回国后的容闳给直隶总督曾国藩做幕僚和翻译，多次向曾国藩建议派遣留学生出国学习。清政府经过多番商议后，决定派遣 120 名幼童去美国留学，学习期限为 15 年，并在上海成立幼童出洋肄业局管理此事。后来又派容闳等人常驻美国，管理留学生事务。

当时的招生工作极其困难，父母都不愿意把自己的孩子送到遥远的大洋彼岸去，其中就包括詹天佑的父亲。詹天佑的邻居在香港工作，乐于接受新鲜事物，于是便劝詹天佑的父亲送詹天佑出国留学。但詹天佑的父亲更希望儿子走科举考试的路，邻居再三劝说，甚至许诺如果詹天佑去美国留学，就把自己的女儿许配给詹天佑，詹天佑的父亲这才同意。于是，12 岁的詹天佑赴美留学，17 岁就考入耶鲁大学土木工程系，主修铁路工程专业，21 岁学成回国，修筑京张铁路、建滦河大桥，这些都是当时扬名世界的创举。詹天佑因此被誉为“中国铁路之父”。

同治十一年（1872 年）夏天，第一批 30 名幼童乘轮船出洋。至光绪元年（1875 年），先后有 4 批共计 120 名幼童赴美留学。

身穿长袍、头梳长辫的中国幼童一出现在美国街头，就立刻成了当地的轰动事件，美国总统还亲自接见了他们。这些小小年纪的中国留学生，给美国人留下了聪明能干、彬彬有礼的印象。他们中的许多人考上了耶鲁大学、麻省理工学院、哥伦比亚大学、哈佛大学等知名学府。

## 夭折的留学计划

几年后，留学生们渐渐长大了，他们打棒球、跳交际舞、吃西餐，不穿长袍马褂而穿西服，不行跪拜礼而行握手礼，

有的学生甚至剪掉了长辫子。包括奕䜣在内的许多大臣，对留学生们违背“祖训”的做法表示无法接受。于是，光绪七年（1881 年）五月，清政府将出洋的留学生一律调回。

留美学生自同治十一年（1872 年）首批出洋，到光绪七年（1881 年）被调回，留学时间最长的在美国学习了 9 年。出国时平均年龄 12 岁的幼童，归来时已是 20 岁左右的青年，他们虽然没有在美国完成留学计划，但都接受了西方的先进教育。回国后，这些留学生被分配到当时的新式企业，如船政局、机器局、电报局等处，后来逐步成为中国政界、军界、学界、科技界、工商界等方面的知名人物和骨干。

除了刚刚介绍过的詹天佑，还有蔡绍基。蔡绍基是首批留美幼童中的一员，留学时考进耶鲁大学学习法律，回国后参与创办了中国第一所现代大学——北洋大学（现天津大学），并任校长。还有第四批留美幼童中的陈金揆，回国后被派到天津水师学堂学习，后被任命为致远舰大副，跟随邓世昌参加甲午海战，壮烈殉国……这些留学归国的青年，为中国的近代化建设做出了重要贡献。但留学计划的夭折再一次证明了清政府的封闭、落后，中国也失去了向西方借鉴、学习的最好时机。

洋务运动是中国历史上第一次近代化运动，客观上促进了中国民族资本主义的产生，对外国资本的入侵起到了一定的抵制作用。但由于洋务运动的根本目的是维护和巩固清政府的统治，再加上清政府内部的腐败和外国势力的欺压，洋务运动并没有使中国走上独立富强的道路。

# 一生碌碌无为的傀儡皇帝

是谁让同治皇帝如此凄惨？

同治皇帝载淳，生于咸丰六年（1856 年）三月二十三，母亲为当时的懿嫔。载淳是咸丰皇帝唯一的儿子，从小便受到百般宠爱。在载淳 9 个月大的时候，懿贵妃得到皇帝的特别恩许，回娘家省（xǐng）亲[1]，这都是因为她生下了载淳这位皇子。

## 垂帘听政下的小皇帝

载淳怎么也不会想到，就在他才满6岁，还不太懂事的时候，就被抱到那高高在上的皇帝宝座上，继承了皇位。小皇帝像个吉祥物一样在宝座上坐着，后面挂着一道黄色纱帘，纱帘后面坐着慈安太后和慈禧太后，大臣们一个一个过来汇报军政国事，两宫皇太后就隔着帘子发布懿旨。这就是所谓的“垂帘听政”。

除了配合两宫皇太后垂帘听政，同治皇帝最大的任务就是读书学习。慈禧太后对他寄予厚望，给他请来最好的老师，但是他可不像当年的康熙皇帝那么懂事、那么爱学习。

## 皇帝终于亲政了

同治十一年（1872年），同治皇帝17岁了，按照清朝惯例，

①回家乡或到远方看望父母或其他尊亲。

是该成亲的时候了，两宫皇太后各自为他挑了一个皇后人选。他选了慈安太后为他选的阿鲁特氏做皇后，而慈禧太后选的富察氏，则被册封为慧妃。阿鲁特氏比同治皇帝大2岁，她的祖父赛尚阿做过道光朝的理藩院尚书、军机大臣，咸丰朝的户部尚书、步军统领以及文华殿大学士；她的父亲崇绮，曾在同治三年（1864年）的科举考试中以汉文考中状元，是一位多才多艺的读书人。

同治十一年（1872年）九月，同治皇帝举行大婚，宣布册立阿鲁特氏为皇后。皇后阿鲁特氏自幼读书知礼，和皇帝感情很好。但同治皇帝婚后的生活并不愉快，因为慈禧太后不待见皇后，只喜欢自己给同治皇帝选的那位慧妃，常常以各种理由阻止同治皇帝和皇后亲近。

大婚之后的第二年正月，同治皇帝举行了亲政大典，两宫皇太后结束了垂帘听政。

同治皇帝亲政以后，为了让慈禧太后高兴，第一件事就是要修复圆明园，给慈禧重修一所“天地一家春”宫殿，来纪念慈禧太后和咸丰皇帝的甜蜜时光。但是国难当头还要修园子，这个想法不出意外地遭到了大臣们的集体反对，最后不得不草草收场。同治十三年（1874年）十月初十，同治皇帝又为慈禧太后庆贺四十大寿，把她居住的长春宫里外装饰一新。自初五起，长春宫天天演戏，连续半个月，王公大臣、后妃公主、大臣命妇等，每天都要在这里陪着慈禧太后看戏。

同治皇帝的亲政并没有达到他想要的效果，国家大权仍然掌握在两宫皇太后和议政王奕䜣手中。同治皇帝对做一个傀儡的生活很不满意，对学习也感到厌倦，慈禧太后的苛责和束缚更让他无比心烦。怎么才能缓解这些烦恼呢？他选择换上百姓的衣服，到崇文门、前门一带的酒馆、戏馆去游荡，以此寻欢作乐，逃避现实。

## 凄惨的结局

同治十三年十二月初五（1875 年 1 月 12 日），年仅 19 岁的同治皇帝身患重病，在养心殿去世。

同治皇帝病重时，皇后去养心殿探视。慈禧太后知道后，怒气冲冲地闯进暖阁，抓住皇后的头发把她拖出来。皇后情急之下说："媳妇是从大清门抬进来的，请太后给媳妇留些体面！"因为慈禧太后是从神武门进宫的秀女，从未当过皇后，这句话刺痛了慈禧太后的心，她叫来太监，准备对皇后棍棒伺候。同治皇帝被吓得昏了过去，慈禧太后这才作罢。同治皇帝死后，皇后痛不欲生，吞金自杀却又被人救活。皇后的父亲崇绮奏告慈禧太后，慈禧太后回答："可随大行皇帝去罢！"就是说可以殉死。崇绮把这话告诉女儿后，光绪元年（1875 年）二月二十，在同治皇帝去世 75 天后，皇后绝食而死，死时只有 22 岁。

前面说过，同治时期遇上了难得的历史机遇：在国内处于“太平天国运动”与“义和团运动”两次重大社会动荡之间，在国际上处于英法联军与八国联军两次入侵之间，如同处在两次大风暴中间的缓冲时期。同治时期之前的道光时期、咸丰时期，之后的光绪时期、宣统时期，都没有这样有利的环境。这就给同治时期实行新政提供了一个难得的机遇，同治新政几乎是与日本明治维新同时进行的。

同治皇帝做了 13 年皇帝，亲自理政的时间却只有 1 年多，他的命运是个悲剧，童年丧父，太后专权，自己也没有好好读书学习，没有立下志向。所以，即使他做皇帝期间遇到了一个难得的缓冲期，却依旧没有做出什么成绩来。清朝也从同治时期开始，加速走向没落。

# 趁火打劫的沙俄

## 怎样才能拿回新疆的主权？

上文讲到，同治皇帝 19 岁就驾崩了，而且他没有皇子，那谁来继承皇帝之位呢？慈禧太后早有打算。除了出身是皇族的这个硬性条件之外，还要选一个跟同治皇帝同辈分的孩子，这样自己可以继续做皇太后，继续垂帘听政；最好还要跟叶赫那拉氏沾亲带故，这样血缘上跟自己亲近，好控制。那满足这些条件的孩子在哪儿呢？慈禧太后的目光，聚焦在自己的妹夫——咸丰皇帝的弟弟奕譞身上。

## 又是一个小皇帝

奕譞是道光皇帝的第七子，咸丰皇帝的亲弟弟。在咸丰皇帝刚去世的那惊心动魄的 3 个月里，奕譞为两宫皇太后扳倒顾命八大臣立下了汗马功劳：两宫皇太后在避暑山庄要速见奕䜣的信是通过他传递的，宣布八大臣罪状的谕旨是他起草的，抓捕肃顺等人的行动是他指挥的。他的嫡福晋是慈禧太后的亲妹妹，生了一个儿子叫载湉（tián），时年 4 岁，跟同治皇帝同辈，完全满足了慈禧太后的所有条件。所以，慈禧太后就指定载湉继承皇位，年号“光绪”。奕譞听到这个消息，当场就昏过去了，他知道宝贝儿子从此就不属于自己了。

4 岁的皇帝懂什么，还不是由慈禧太后垂帘听政？可是同时代的各国都有哪些政坛人物呢？德国的俾斯麦、日本的伊藤博文、沙俄的亚历山大二世、英国的维多利亚女王。清朝的这对“孤儿寡母”，怎么可能同他们匹敌呢？当时清朝在陆上面临的最大威胁，就是来自北边的沙俄。

## 由来已久的沙俄问题

早在咸丰朝，英法联军入侵北京时，沙俄就以帮清廷劝解英法联军退兵为条件，要求重新划分中俄边界。咸丰皇帝明知沙俄心怀鬼胎，但还是只能派出黑龙江将军奕山去谈判。

奕山向沙俄表示，中俄两国的边界早就在《尼布楚条约》里定好了，既然已经定好了，还谈什么呢？沙俄总督看准清廷无力北顾，要求以黑龙江、乌苏里江为界，以北、以西归沙俄，否则就武力侵占。奕山无奈之下，只好签下了《瑷珲条约》。按照这个条约，黑龙江以北、外兴安岭以南的60多万平方千米的土地，就这么白白地划给沙俄了。

英法联军占据北京的时候，沙俄又趁机在清政府的背后咬了一口，跟手足无措的清朝签下了中俄《北京条约》，把乌苏里江以东约40万平方千米的土地割占了，包括库页岛（现俄罗斯境内），还有一个很重要的港口——海参崴（现俄罗斯境内）。这一片原来都属于吉林将军管辖，就这么被沙俄吞下了。

同治四年（1865年），浩罕汗国的阿古柏趁乱入侵新疆，沙俄也想在新疆咬上一口。同治十年（1871年），沙俄发兵侵占伊犁，还把伊犁将军所在的惠远城拆掉，兴建兵营。新疆遭到外敌入侵，人民遭到剥削和压迫，反击侵略迫在眉睫。

然而，此时的清朝就像是一只“病鸭子”，调往新疆的清军出发不久，日本就开始进犯台湾了，严重威胁到东南沿海的海防，于是引发了“‘塞防’第一还是‘海防’第一”的争论。屋漏偏逢连夜雨，正在这紧要关头，同治皇帝突然去世。

幸而有陕甘总督左宗棠挺身而出，他主张塞防和海防都重要，但是当务之急是立即出兵收复新疆。光绪元年（1875年）三月二十八，清廷正式任命左宗棠为钦差大臣，给予他收复新疆的前线最高指挥权。

## 收复新疆的充分准备

清军从甘肃酒泉到新疆哈密，路途有750多千米，人烟稀少，道路崎岖，行军十分困难。在办理粮运过程中，左宗棠采取官办与民办双管齐下的办法，广设运粮台站，兼用朝廷运输之力和民间力量，主张关内以车运为主，关外以驼运为主，将军粮节节转运。在左宗棠多方面的努力下，西征军所需粮食经分途采运，达到了预期目的。

对其他军需物资的补给，左宗棠也做了妥善安排：在上海设立采办转运局，由胡光墉主持，负责购运枪炮、弹药，筹集军饷，收集情报；在汉口设立后路粮台，转运上海采购的军需物资；在西安设立一个总粮台和一个军需局。同治十一年（1872 年）初设在兰州的机器厂正式投入生产，除改造中国旧式火器外，还能仿造普鲁士的来复线炮及七响枪。光绪元年（1875 年），左宗棠又在兰州建立火药局，其生产的优等品已能同进口火药相媲美。

左宗棠认为边塞用兵的原则是“在精不在多”。为了提高部队的战斗力，左宗棠对西征军进行了整顿和集训，坚决惩治悍将、裁减冗兵，严令出塞各营要勤加演习，以达到精而又精、以寡敌众的效果。

除此之外，左宗棠还十分重视敌情的搜集和分析。他多次派人出关了解阿古柏占据新疆的各种情况，并认真地加以分析，还通过在上海筹办军需的胡光墉了解各国动向，搜集外交情报，以配合军事行动。

左宗棠花了 2 年的时间筹集军饷、采集军粮、整顿军队、改善装备，为收复新疆做了充分的准备，又基于对阿古柏集团的兵力部署，新疆的地理环境以及历史经验的分析、判断，制订了“缓进急战、先北后南”的战略计划。“缓进急战”是指不打无准备之仗，不匆忙进兵，一旦军事行动开始，就要速战速决，不可游移迟缓。而“先北后南”是因为当时阿古柏主力集中于南路，北路则由后来归附阿古柏的马人得、白彦虎驻守，实力较弱。如果先攻北路，则对整个战局发展十分有利：既可以避实就虚，在突破敌人薄弱环节后再进行决战，以此先声夺人、鼓舞士气；又可以分散敌人兵力，先消灭一部分敌军，为向南进军创造条件，还能从东、北两面夹击南疆。

## 决胜千里之外

在制订了战略计划和明确了战术方针之后，左宗棠还注意给予前敌统帅灵活处置的权力，因为战场形势瞬息万变，不可能事事都设想得到。

当一切准备充分之后，驱逐侵略者、收复新疆的战幕终于在光绪二年（1876 年）夏天揭开了。第一个目标是收复南疆和北疆的交通要冲——迪化（今新疆维吾尔自治区乌鲁木齐市），清军于六月二十九拿下迪化。北疆之战结束后，阿古柏集团虽受到较大打击，但其北路的部队带着残部逃到南疆。第二个目标是打开南疆门户。要给阿古柏集团毁灭性打击，清军必须南下攻克利用天山关隘重点设防的达坂、吐鲁番、托克逊三角地区。只有这样，清军才可能长驱直入，彻底摧毁阿古柏集团。光绪三年（1877 年）三月，西征军发起进攻，战况的发展与左宗棠预计的基本相符：清军一举敲开了通向南疆的大门，形成了破竹之势。第三个目标是收复南疆，西征军于同年九月发动进攻，到十一月二十拿下南疆8座城池，新疆全境除伊犁以外的地区，全部被收复。

## 与沙俄的艰难谈判

在收复新疆的过程中，清朝多次跟沙俄交涉，要求归还伊犁，但是沙俄拖着不还，还提出种种条件，要求谈判。

光绪四年（1878年）年底，清朝派吏部侍郎崇厚作为钦差大臣，到达沙俄首都圣彼得堡进行谈判。但崇厚没有外交经验，最终在沙俄的胁迫下，在克里米亚半岛的里瓦几亚擅自与沙俄代表签订了《里瓦几亚条约》，条约规定中国赔偿沙俄280万两白银的占领费，伊犁虽然可以还给中国，但是周边土地都划给了沙俄，只剩下一座孤城。这个丧权辱国的条约一公布，就激起了朝廷内外的义愤。慈禧太后拒绝批准这个条约，还把崇厚逮捕下狱。清朝又正式通知沙俄政府：这个条约是崇厚违背皇帝谕旨，擅自越权签署的，根本无法实行。新任驻沙俄公使曾纪泽于光绪六年（1880年）六月到达圣彼得堡，与沙俄谈判改约。

曾纪泽是曾国藩之子，是驻英公使、驻法公使兼驻沙俄公使。对于这次任务的艰巨程度，曾纪泽说：“就好像是把手伸进老虎嘴里，拿回已经喂进去的食物一样。”谈判一谈就是半年多，最终，清政府与沙俄在光绪七年（1881 年）正月，签订了中俄《伊犁条约》和《改订陆路通商章程》，代替了崇厚所签的条约。清政府虽然收回了伊犁地区 1 万 9000 平方千米的土地，但是要赔偿沙俄 500 万两白银。

过了几年，沙俄又通过《伊犁条约》等 5 个子约，划走了 7 万多平方千米的中国领土。这一回，沙俄是咬了清政府大大的一口。

# 永远的致远舰

## 是谁挑起的甲午之战？

之前讲过，两宫皇太后和议政王奕䜣推行了一系列新政，除了设立总理衙门、派人出国考察、设立同文馆、派遣留学生外，另一方面主要就是发展军工，包括兴办近代军工厂，编练新式军队，购买英国、德国军舰，还建立水师学堂、北洋水师等。清朝海军的近代化由此开始。

## 弹丸之地的强势

光绪皇帝登基后，奕譞得到重用，担任总理海军事务大臣。光绪十四年（1888 年）九月初九，奕譞奏准颁布《北洋海军章程》，正式成立北洋海军，俗称北洋水师。九月十三，海军衙门根据李鸿章的推荐，批准北洋水师记名提督、直隶天津镇总兵丁汝昌为海军提督。

光绪二十年（1894 年），朝鲜发生东学党起义，清政府应朝鲜国王的请求，派兵帮助镇压，日本乘机出兵朝鲜。东学党起义平息后，日本继续增兵朝鲜，蓄意挑起战争。

日本几千年来都是以中国为榜样的，但是曾就读于英国伦敦大学学院的伊藤博文做了日本首相后，推动了一场资产阶级改革运动，史称“明治维新”。日本由此开始向西方学习，学习西方的政治制度和科学技术，同时也效仿着西方列强对外侵略和掠夺。日本强大起来以后，第一个侵略的目标就是朝鲜，征服朝鲜是日本企图侵略中国，进而称霸世界的重要一步。

六月二十三（公历 7 月 25 日），日军进攻驻守朝鲜的清军，并在牙山口外丰岛海面袭击清军运兵船。清政府被迫对日宣战。按照中国传统的干支纪年法，这一年是农历“甲午”年，这场战争被称为“甲午中日战争”。

## 壮烈殉国的豪杰

八月十八（公历 9 月 17 日），黄海海战打响了。北洋水师的主力舰是定远舰和致远舰。北洋水师提督在定远舰上指挥舰队作战，但是战斗打响不久，定远舰的指挥台就被打中，无法继续指挥。而北洋水师也一炮击中了日本的松岛舰，把松岛舰的主炮打掉了。双方你来我往，炮火连天。激战 3 小时以后，定远舰着起大火，日本军舰展开围攻。定远舰如果保不住，北洋水师也就完了。

就在这千钧一发之际，致远舰上升起了管带[①]邓世昌的将旗。邓世昌大声说："吾辈从军卫国，早置生死于度外，今日之事，有死而已！"全舰将士高呼："杀敌！杀敌！"邓世昌指挥致远舰，挡在定远舰前面，掩护定远舰，而致远舰却中弹累累，连舰体都倾斜了。邓世昌毫不退缩，还要进行最后一搏，他对将士们说："日本的舰队全仰仗吉野舰，如果把这条舰撞沉，就可以打击敌人士气，取得胜利！"他高呼："撞沉吉野！"将士们也高喊："撞沉吉野！"随后他们毅然驾驶着致远舰全速撞向日本主力舰吉野舰右舷，决意与敌人同归于尽。日舰官兵大惊失色，赶紧向致远舰射击，

①清代军事职官的名称，这里指海军的舰长。

炮弹击中了致远舰，致远舰不幸沉没。

邓世昌掉进大海，他的部下向他扔救生圈，被他拒绝并说："我立志杀敌报国，今死于海，义也，何求生为！"致远舰与北洋水师200多人壮烈殉国。

北洋水师另一艘军舰经远舰，也是重伤以后撞向敌舰，管带林永升被炮弹击中，当场阵亡；大副陈荣继续指挥作战，战死；二副陈京莹接着指挥作战，也战死。最后，经远舰沉没海底。这次海战，北洋水师有4艘军舰沉没，每一舰都有官兵获救，但4名管带却无一生还。他们的英雄壮举，就像是划破黑夜的亮光，震撼人心！

此次海战，北洋水师损失较大，但主力尚存。可惜战后李鸿章命令舰队躲进威海卫军港，不许出海迎敌，日军趁机夺取了制海权。

## 全军覆没的北洋水师

光绪二十一年（1895年）正月，日军攻占了山东威海卫，北洋水师陷入绝境。日军司令写信给丁汝昌，劝他率领舰队投降，遭到丁汝昌的严词拒绝。在援兵无望的情况下，丁汝昌自杀殉国，北洋水师全军覆没。

清军在甲午战争中失败后，光绪皇帝派李鸿章为议和全权大臣，前往日本马关谈判，最终签订了《马关条约》。根据条约，清朝要把台湾岛及其附属各岛屿、澎湖列岛和辽东半岛，全都割让给日本，允许日本在中国的通商口岸投资办厂，赔偿日本2亿两白银等。后因沙俄和日本争夺利益，联合法国和德国进行干涉，迫使日本不得不“吐出”了辽东半岛，但要中国用3000万两白银“赎回”。

皇宫，还是那样华丽雄伟，可是清朝已经千疮百孔了。接下来，又会有什么样的灾难降临呢?

# 短暂的戊戌变法

## 为什么变法会失败？

《马关条约》签订的消息传到北京后，群情激愤，正在北京参加科举会试的康有为、梁启超等人，联合各省1300多名参加会试的举人上书光绪皇帝，请求拒和、迁都、变法，由此拉开了变法维新的序幕。

康有为是广东南海（今广东省佛山市南海区）人，自幼熟读经史，立志学习圣贤。康有为曾经两次到过香港和上海，这两次游历让他对西方资本主义治理下的社会有了亲身感受。他还广泛阅读了当时能够搜集到的西学书籍、报刊，钻研西学知识。光绪十四年（1888 年），康有为第一次上书光绪皇帝，请求变法图强，遭到顽固派的阻挠。后来他回到广州万木草堂讲学、著书，宣传变法思想，培养维新人才，梁启超就是他的学生。

梁启超是广东新会（今广东省江门市新会区）人，自幼聪明好学，在当地有“神童”的美誉。他 12 岁就考中了秀才，17 岁中了举人，19 岁进入万木草堂跟随康有为学习。

## 维新变法的短暂辉煌

在光绪二十四年（1898 年）四月二十三，光绪皇帝颁布了《定国是诏》，宣布变法。四月二十八，光绪皇帝召见工部主事康有为，任命他为总理衙门章京，给予他直接向皇帝呈递奏折的特权。五月十五，光绪皇帝派梁启超处理译书局事务，后来又让谭嗣同、刘光第、杨锐、林旭 4 人任军机章京，参与新政事宜，这 4 人当时被人们称为“军机四卿”。

光绪皇帝接连发出几十道有关变法维新的谕旨，比如：

裁撤冗官冗员，允许官民上书言事；鼓励私人兴办工矿企业，发展农业、工业、商业；改革财政，编制国家预算；废除八股文，改试策论，开办新式学堂；裁减军营，训练新式军队等。因为这一年是干支纪年的戊戌年，所以这场变法维新也被称为“戊戌变法”。

光绪皇帝的这些改革举措，严厉、果断、快速，从这些新举措中可以看出，这是一次重要的政治改革，也是一次思想启蒙运动。但这些举措却损害到了以慈禧太后为首的顽固派的利益，所以遭到了顽固派的强烈反对和抵制。这场变法，从四月二十三光绪皇帝颁诏开始改革，到八月初六慈禧太后发动政变，一共 103 天，因此又被称为“百日维新”。

## 慈禧太后的清算

七月二十一，慈禧太后派亲信到天津和荣禄密谋，计划在慈禧太后和光绪皇帝去天津阅兵之时发动政变，废掉光绪皇帝。

七月二十九，光绪皇帝到颐和园，请慈禧太后允许他开启乾清宫西廊的懋勤殿，安排维新派人士在懋勤殿商议变法维新。慈禧太后听后大发脾气，指责他要把祖宗家业葬送在康有为等人的手里。

光绪皇帝觉察出危机来临，就听从康有为等人的建议，于八月初一、初二，两次在颐和园召见袁世凯，命他负责练兵事务。初三傍晚，光绪皇帝回到皇宫养心殿。就在这天夜里，谭嗣同按照康有为的授意，到法华寺见袁世凯，策动袁世凯率兵“勤王”，包围颐和园，囚禁慈禧太后，杀死荣禄。袁世凯表面上答应，转头就前往天津向荣禄告密。

初四傍晚，慈禧太后回到西苑，光绪皇帝急忙到瀛秀门迎接。慈禧太后径直来到光绪皇帝的寝宫，把屋里的奏折都拿走了，还指着光绪皇帝说：“傻孩子，如果今日我不在了，明日哪里还有你呢？”当天夜里，慈禧太后下令，把光绪皇帝关在西苑瀛台涵元殿。

西苑的瀛台，从清朝初年开始就是皇帝经常去的地方，这里亭台楼阁林立，湖水荡漾。变法失败后，光绪皇帝在这里度过了10年没有人身自由的“囚帝”生活。除了瀛台以外，光绪皇帝还曾被囚禁在颐和园的玉澜堂。玉澜堂是一座小四合院，有正堂和东配殿霞芬室、西配殿藕香榭。直到现在，我们去颐和园游览，还能看到院子里被砌上的砖墙。

光绪皇帝除了皇后之外，另外还有两位妃子——瑾妃和珍妃，她们是亲姐妹。光绪皇帝从新婚开始就和皇后不和，但是和珍妃的感情很好。所以，慈禧太后借着此次政变，把珍妃关在钟粹宫后面的北三所，并且给她立下了一条规

矩——今后不许再见皇帝，以此来折磨光绪皇帝。

囚禁了光绪皇帝之后，慈禧太后以光绪皇帝的名义发布谕旨：从今天开始，由慈禧太后处理朝政。当天，慈禧太后下令撤去康有为的职务，秘密指示手下逮捕康有为，还派荣禄领兵 3000 人，搜捕维新派人士。

康有为在政变的前一天，在英国的保护下逃往香港；政变当天，梁启超躲进日本公使馆，得到了日本的保护，后来化装逃往日本横滨；谭嗣同却拒绝出走，立志为变法献身，他说："各国变法，无不从流血而成，今中国未闻有因变法而流血者，此国之所以不昌也。有之，请自嗣同始！"八月十五，谭嗣同、林旭、刘光第、杨锐、杨深秀、康广仁 6 人，一起在北京菜市口被杀，史称"戊戌六君子"。接着，慈禧太后训政 1 个月，除了京师大学堂以外，新政全被废除。

京师大学堂，就是现在的北京大学。创办初期，它以"广育人才，讲求时务"为宗旨，准备设立天学、地学、道学、政学、文学、武学、农学、工学、商学、医学等 10 个学科。维新变法失败后，京师大学堂得以保留下来，并附设有中小学，不过规模非常有限，学生总数仅 200 余人。

## “大阿哥”的诞生

慈禧太后不仅幽禁了光绪皇帝，还想废掉光绪皇帝。看出慈禧太后想法的荣禄就向慈禧太后献计，请立一位“大阿哥”作为同治皇帝的儿子，以便找机会取代光绪皇帝。

光绪二十五年（1899 年）十一月二十八，上完早朝之后，慈禧太后单独召见了荣禄。传说，慈禧太后与荣禄之间有过这样一段对话：

荣禄问：“传闻将有废立之事？”

慈禧太后答：“事情已经泄露了，怎么办呀？”

荣禄答：“没事的，您不要担心。皇上春秋已盛，至今无子，不如在皇室宗亲近支中选一位大阿哥，作为皇上的皇子，兼嗣同治皇帝。养育在宫中，徐徐图之，才师出有名。”

慈禧太后道：“你说得对！”

十二月二十四，慈禧太后在仪鸾殿召集王公大臣、满汉尚书，以光绪皇帝的名义宣布：端郡王载漪的儿子溥儁（jùn），过继为同治皇帝的皇子，称为“大阿哥”。预定在第二年，也就是光绪二十六年（1900 年）元旦，举行光绪皇帝的让位典礼，改元“保庆”。溥儁的母亲是慈禧太后的弟弟桂祥的女儿，也就是说溥儁是慈禧太后亲侄女的儿子。这是溥儁能被慈禧太后选中的一个重要原因。

但是，这件事遭到英、法等列强的反对与抵制，各国公使纷纷拒绝参加典礼，上海的商人、维新人士以及海外华侨代表也纷纷表示反对。慈禧太后被迫暂时搁置了这个计划。

以慈禧太后为代表的当权势力与西方列强各国的矛盾在这个阶段也更加尖锐。慈禧太后、荣禄一伙人极力推行排外政策，并企图利用义和团运动达到巩固权力和打击洋人的双重目的。

# 宁死不屈的王懿荣

是什么支撑他到最后一刻？

上文讲到，慈禧太后把光绪皇帝关起来，杀害了维新派人士，但是她却无力对付不断入侵的外国列强。就在这时，慈禧太后听说有个民间组织叫作“义和团”，义和团提出了一句口号，叫“扶清灭洋”，就是帮助清政府打洋人的意思，于是她开始暗中支持义和团。

## 八国联军攻入北京

光绪二十六年（1900 年）五月，义和团先后杀死了日本驻华使馆书记杉山彬和德国驻华公使克林德，围攻东交民巷使馆。五月二十五，慈禧太后发布宣战诏书，向德、奥、英、法、美、意、日、沙俄等国家正式宣战！七月二十，德、奥、英、法、美、意、日、沙俄八国联军攻入北京。

七月二十一清晨，突然有流弹落在了宁寿宫乐寿堂西偏殿的屋顶上。慈禧太后见状，吓得魂不附体。

宁寿宫是当年乾隆皇帝为自己做太上皇而准备的宫殿，自从光绪皇帝亲政以后，慈禧太后就住到了这里。慈禧太后夜里就吓得没睡好，现在一见流弹都打到房顶上了，急忙让太监李连英给她找衣服换装。慈禧太后带着光绪皇帝、皇后、大阿哥等人，换上平民百姓的衣服，乘坐民车出了神武门，直奔颐和园。一行人在颐和园短暂休整，慈禧太后命令颐和园的士兵为他们断后，然后继续出发，一路上风餐露宿，直到逃至西安。

与慈禧太后一行人截然不同的是，有一众爱国人士在此生死存亡之际，毅然选择与外国列强血战到底。

## 以身殉国的王家人

在八国联军攻陷北京时，国子监祭酒王懿荣临危受命，被任命为京师团练大臣。王懿荣率领部下、百姓进行抵抗，但是敌我力量悬殊，抵抗失利。

王懿荣家的院子里有一口早就准备好的深井，挖井时他说："这将是我生命终止的地方。"当他看到事不可为后，绝望地回到家中，跟家人说："我不能苟且偷生！"家人围着他长跪不起，痛哭着劝说他。但王懿荣决心不做亡国奴，他喝下毒药，在墙壁上写下绝命词："主忧臣辱，主辱臣死。于止知其所止，此为近之。"意思是：皇上忧愁，就是大臣的耻辱；皇上受辱，大臣就该以死谢罪。我知道自己为何而死，这就是我死的地方。王懿荣写完绝命词，把毛笔丢下，跳到井里，以死殉国。他的夫人谢氏、儿媳张氏，也都跳进井里，陪他一起殉国！

这一年王懿荣 56 岁，他自杀殉国，大义凛然，展现了他的高风亮节，也展现了国人的爱国精神。

## 书香之家的传承

王懿荣是山东福山县（今山东省烟台市福山区）人。他的先祖王忠，明初时期到福山做官，觉得这里依山傍海、风景优美、物产丰富、民风朴实，就决定定居在这里。王家是书香门第，出了不少文化名人。

王懿荣的先祖王骘（zhì）是顺治年间的进士。康熙年间，王骘在四川做官，不取民间一粒米、一束草，非常清廉。当时重修太和殿需要大量楠木，而四川盛产楠木。王骘义无反顾地上书劝阻，说："四川在战乱后民生凋敝，满目疮痍，而且高山深处攀藤侧立，运输木头更难。全省在籍的只有一万八千多劳动力，抽拨五千人进山伐木，田里的耕作就都荒废了，百姓怎么缴纳国家的赋税？"康熙皇帝采纳了他的意见，改用东北松木。王骘曾写下这么一副对联："有子能文何必贵，为官致富不如贫。"王骘刻苦读书，体恤民生，严于律己，为人正直，为王家后人树立了极好的榜样。

王懿荣出生在世代为官、书香四溢的家庭里，深受先祖的影响，从小就饱读诗书，忠君爱国。但是他的考试之路非常不顺利，乡试考了6次都没中。每次要发榜的时候，他的夫人都满心期待他能考中，却总是失望。后来他的夫人病重，门外叫卖科考题名录的声音，她一点儿也听不得，用被子蒙住头、捂着耳朵逃避。王懿荣一直考到第7次才考中举人，他的夫人却在他中举前1个月病逝了，没能听到这个好消息。王懿荣考中进士的时候，已经36岁了。此后，王懿荣仕途顺利，先是担任翰林院编修，后来入直光绪皇帝的南书房，兼任国子监祭酒。国子监是明清时期国家的最高学府，祭酒是官名，就是国子监的最高领导者，当时北京国子监是全国唯一的最高学府，相当于全国唯一的大学，王懿荣就是这所大学的校长。王懿荣先后做了 3 任国子监祭酒，一共 7 年，在任期间备受师生尊敬。

这种和平的日子没多久，甲午中日战争就爆发了，日本侵略军占领了山东威海卫和荣城，导致登州（现山东省烟台市蓬莱区）人心惶惶。王懿荣主动请求回山东组织和训练乡团，准备抗击侵略，保卫家乡。后来清政府在甲午中日战争中战败，和日本签订了《马关条约》，王懿荣只能回到北京，继续做国子监祭酒。

## “甲骨文之父”

就在王懿荣殉国的前一年，他还为考古界做出了一个特殊的重大贡献——发现了甲骨文。

光绪二十五年（1899 年）的一天，王懿荣生病了，派人到药店抓药。他在药方上发现有一味叫“龙骨”的中药，他从来没有听说过此药，好奇之下便叫家人拿来看看。

王懿荣特别喜欢研究古代青铜器和石碑上的古文字，是当时著名的金石学家。当王懿荣看到“龙骨”上几个似篆非篆的清晰划痕时，凭着深厚的金石学功底，他马上意识到这划痕绝非寻常，很像古代文字，但是这种文字既不像大篆，也不像小篆。于是他赶紧派人赶到这家药店，把药店刻有划痕的“龙骨”全部买下，后来又广泛搜寻购买，一共收集了1500 多片。

经过调查，王懿荣发现这些“龙骨”大多是兽骨龟甲，大部分来自河南安阳，有地下挖出来的，还有地上捡到的，非常多，上面有文字的也有不少。人们发现这些兽骨和龟甲有一定的药用效果，就给它起名叫“龙骨”，作为一味中药卖给药铺。

王懿荣经过初步对比和研究，断定这是商朝时期的古文字。这是我国研究殷墟甲骨文的开始，学界公誉王懿荣是“甲骨文之父”。甲骨文被发现后，经《老残游记》作者刘鹗（è）及罗振玉等人收集整理，拓片成书；再经王国维等人研究，识别出更多的字。后来，文字学、金石学、考古学和历史学等方面的专家经过共同研究，证实商朝确实存在，并将甲骨文记载与司马迁所写的《史记·殷本纪》互相对照，将商王朝的世系大致排列了出来。

目前，已出土甲骨文 15 万余片，其中单字约 4500 个，已识读 2000 余字。故宫博物院也收藏了数量可观的刻有文字的甲骨。甲骨文的发现和识读，把中国有文字记载的历史提前了将近 1000 年，把商朝从神话和传说变为有文字记载的历史，为中华文明发展做出了重大贡献。而这一成就的发端者，就是被誉为“甲骨文之父”的王懿荣。

王懿荣发现甲骨文，开启了以搜寻甲骨文为目标的殷墟考古发掘先河，从而拉开了近代考古学、近代考古大发现的序幕。那些甲骨，犹如在文化学术界的湖水上投下的巨石，激荡出考古学、文字学、文献学、书法学等多个领域的新浪花，至今延绵不绝。可惜，首先对甲骨文做出确认的王懿荣还没来得及做深入研究、著书立说就以身殉国了，他的学问和气节，被后人永久记忆。

# 最后一位皇帝

皇帝制度是如何被终结的？

在八国联军攻入北京后，慈禧太后带着光绪皇帝狼狈西逃，任由八国联军在北京横行霸道、烧杀抢掠。颐和园、圆明园、天坛、先农坛，特别是皇宫里的宝物，损失流散，无法统计。

光绪二十七年（1901 年）七月二十五，议和全权大臣庆亲王奕劻（kuāng）、李鸿章代表清政府，被迫与英、美、日、法、德等 11 个国家签订了丧权辱国的《辛丑条约》。《辛丑条约》是中国近代史上主权丧失最严重的不平等条约，也是对外国赔款最多的一次，扼制了中国的财政命脉，严重影响了民众生活，进而延缓了中国近代化的进程。条约签订后，八国联军撤出北京，十一月二十八，慈禧太后回到宁寿宫乐寿堂。这次西逃，共计 500 多天。

## 慈禧太后的心思

光绪三十四年（1908 年）十月二十一，38 岁的光绪皇帝在西苑瀛台去世，慈禧太后接连发出懿旨：由醇亲王载沣的儿子溥仪继承皇位，命载沣为监国摄政王。

慈禧太后为什么选择溥仪继承皇位？因为光绪皇帝没有儿子，而他的弟弟载沣有儿子，长子就是溥仪；载沣的嫡福晋，也就是溥仪的母亲，是慈禧的养女、荣禄的女儿瓜尔佳氏，溥仪跟慈禧太后有一定的渊源。除此之外，还有一个重要的原因是溥仪当时只有 3 岁，比较容易控制。

慈禧太后先后指定的 3 位皇位继承人——光绪皇帝载湉是她亲妹妹的儿子，“大阿哥”溥儁是她亲侄女的儿子，宣统皇帝溥仪是她养女的儿子。这表明慈禧太后选择皇位继承人的标准是在爱新觉罗家族里，挑选和叶赫那拉氏有关系的人。皇位继承关系到朝代兴亡，如此大事在当时却是由慈禧太后用这样的标准来决定的。

## 3 岁的小皇帝登基

十月二十一傍晚，醇亲王府里发生了一场大混乱。一听说溥仪被选为皇位继承人，溥仪的祖母还没等到儿子载沣带着懿旨回来就立即昏了过去。灌姜汤的、传大夫的，孩子哭，大人哄，乱作一团。摄政王载沣带着军机大臣和内监回到家，手忙脚乱地跑出跑进：一会儿招呼着随他一起来的军机大臣和内监，又叫人给孩子穿衣服；一会儿被叫进去看老福晋，闹腾了好一阵。溥仪连哭带打地不让内监抱他，最后只能由乳母抱着走，到了西苑再由内监抱着他见慈禧太后。

十月二十二，也就是光绪皇帝去世后的第二天，清朝的实际掌权者——慈禧太后也猝然离世。从此，载沣掌握了清朝的最高决策权。

十一月初九，太和殿举行了溥仪的登基大典。溥仪从起床就被大人们折腾，那天天气特别冷，所以当溥仪被抬到太和殿、放到又高又大的宝座上的时候，他挣扎着哭喊：“我不要在这儿，我要回家！”载沣单膝侧身跪在宝座下面，双手扶着溥仪，让他不要乱动，急得满头大汗。文武百官的三跪九叩没完没了，溥仪的哭叫声也越来越响。载沣只好轻声哄他说：“别哭，别哭，快完了，快完了！”就这样，3 岁的溥仪做了清朝的最后一位皇帝，年号“宣统”。

典礼结束以后，文武百官都在私下里议论：“怎么可以说‘快完了’呢？说‘要回家’是什么意思啊？”王公大臣们议论纷纷，垂头丧气，认为这是大清要亡的不祥之兆。他们的感觉是对的，仅仅过了 3 年，清朝就灭亡了。这 3 年里，朝廷的政务基本都由摄政王载沣和隆裕太后执掌。而这 3 年里最重大的事件，就是辛亥革命。

## 辛亥革命的爆发

清朝后期战乱不断、社会动荡：鸦片战争、英法联军侵入北京、甲午中日战争、八国联军侵入北京……一次接一次的战败；《南京条约》《天津条约》《北京条约》《瑷珲条约》《马关条约》《辛丑条约》……一次接一次的屈辱。百姓们厌恶帝制、希望共和，厌恶君主、渴望民主。

光绪三十一年（1905 年），中国同盟会在日本东京成立，推举孙中山任总理，以“驱除鞑虏，恢复中华，创立民国，平均地权”为政治纲领。1906年冬，同盟会会员刘道一、蔡绍南在江西与湖南交界的萍乡、浏阳、醴(lǐ)陵发动武装起义。3万余人参加起义，奋战1个多月后失败，刘道一等人在长沙遇害。这次起义是同盟会成立后领导的第一次武装起义，起义虽然失败了，但同盟会的声望由此大振。

光绪三十三年（1907年）四月，同盟会组织民众在广东黄冈（今广东省潮州市饶平县境内）、安徽安庆、浙江绍兴等地起义，起义军与清军激战4个小时，最后寡不敌众，以失败告终。宣统二年（1910年）正月，同盟会发动广东新军起义，失败。同年，孙中山与黄兴等人筹划领导广西起义，袭击镇南关。起义军奋战7个昼夜，最终因为弹药缺乏而失败。

宣统二年（1910年）四月，孙中山、黄兴、赵声等人在广州起义，虽然一开始计划得很好，但情况发生变化后只能在准备还未就绪的情况下提前行事。黄兴率领的起义军和清军在街巷苦战一天一夜，最终还是因为敌众我寡而失败，很多起义军壮烈牺牲。最终将收殓到的72具烈士遗骸葬在广州黄花岗，也就是我们现在所说的“黄花岗七十二烈士”。这次起义的失败，让全国人民看到了革命党人不屈不挠、视死如归的英雄气概，极大地鼓舞了全国人民的斗志。

宣统三年八月十九（1911年10月10日），同盟会组织武昌新军起义，一夜之间，武昌全城被起义军占领。随后，汉阳、汉口的新军纷纷响应，革命在武汉三镇（武昌、汉口、汉阳）取得胜利。第二天，起义军成立湖北军政府，推举新军将领黎元洪为都督，废除宣统年号。接着，湖南等13个省纷纷响应，宣布独立，清政府迅速解体。这一年是农历辛亥年，所以称作“辛亥革命”。

辛亥革命推翻了清朝的统治，宣告了中国2000多年君主专制制度的终结。它开创了完全意义上的近代民族民主革命，极大推动了中华民族的思想解放，打开了中国进步潮流的闸门。

## 中华民国的建立

1911年12月[①]，各省代表到南京开会，推选孙中山为临时大总统。1912年1月1日，孙中山在南京宣誓就职，宣告中华民国临时政府成立，以1912年为民国元年，改用公历。

武昌起义成功后，湖北军政府与袁世凯交涉，希望通过和平的方式早日实现共和。南京临时政府成立后，孙中山也曾表示，如果宣统皇帝退位、袁世凯宣布赞成共和的话，他

①从此处开始，本书使用公元纪年法。

就立刻辞职，推举袁世凯继任临时大总统。1912 年 2 月 12 日，在袁世凯软硬兼施的逼迫下，隆裕太后颁布了宣统皇帝退位诏书。从此，清朝长达 268 年的统治结束了，中国 2000 多年的帝制也终于结束了。

这份退位诏书，由张謇（jiǎn）起草。张謇是江苏南通人，光绪二十年（1894 年）的状元，也是一位实业家、政治家、教育家，是中国的第一座博物馆——南通博物苑的创办者，也是中国近代棉纺织业的开拓者。退位诏书由张謇起草，袁世凯审阅，隆裕太后发布。诏书的最后说："我和皇帝得以退位，享受宽闲优游的岁月，长久享受国民的优待礼遇，亲眼看到国家大治的完成，岂不是好事？"

中国自公元前 221 年秦始皇称帝到 1912 年宣统皇帝退位，历经 2132 年，根据《中国历史纪年表》统计，在这期间，共有 349 位皇帝。溥仪不仅是清朝最后一位皇帝，还是中国历史上最后一位皇帝，他的退位，既是大清皇朝的终结，也是中华帝制的终结。

而袁世凯继任临时大总统，又会掀起什么样的波澜呢？

# 袁世凯和溥仪的皇帝梦

复辟帝制会成功吗？

上文讲到中国最后一位皇帝——宣统皇帝退位，标志着中国的封建帝制结束了！但是，不久后，袁世凯又上演了一场大总统当皇帝的闹剧。

## 从无名秀才到大总统

袁世凯是河南项城人，在光绪时期两次参加科举乡试，都没中举。后来他弃笔从戎，以训练新式军队起家。光绪二十二年（1896 年），袁世凯在光绪皇帝的支持下，在天津打造了中国第一支新式陆军。这支新军后来发展成北洋新军，民国初年的北洋军阀大多数都来源于此。

袁世凯还培植了一批亲信，比如徐世昌、段祺瑞、冯国璋、王士珍、曹锟、张勋等，这些人后来都活跃在清末民初的军政舞台上。李鸿章去世后，袁世凯任直隶总督兼北洋大臣，不久后又做了军机大臣兼外务部尚书，成了清朝最有实权的大臣。在光绪皇帝和慈禧太后先后去世后，摄政王载沣忌惮袁世凯的势力，便逼迫他辞官回乡。

宣统三年八月（1911 年 10 月），同盟会成员在武昌起义，载沣他们打不过起义军，只好重新起用了袁世凯，任命他为湖广总督、内阁总理大臣。1912 年 1 月 1 日，孙中山在南京就任中华民国临时大总统，宣布中华民国成立。孙中山为了以和平的方式实现共和，在袁世凯逼迫隆裕太后宣布宣统皇帝退位后，如约推举袁世凯为临时大总统。1912 年 3 月 10 日，袁世凯在紫禁城的太和殿，正式就任中华民国临时大总统。1913 年 10 月 6 日，袁世凯在北京正式当选大总统，北洋政府正式形成。

## 袁世凯的复辟之路

袁世凯当上了大总统后，竟然做起了皇帝梦。1914 年冬至，袁世凯在天坛举行祭天大典，实际上是为他登基称帝做的一次彩排。

1915 年 12 月 12 日，袁世凯发布了接受帝位公告，13 日接受百官朝贺，15 日封官授爵。31 日，袁世凯下令改民国五年为洪宪元年，改总统府为新华宫。这种逆历史潮流而动的行径，遭到全国上下的强烈反对。梁启超的学生——蔡锷（è）将军最先在云南组织护国军讨伐袁世凯，国内多地纷纷响应，袁世凯难以招架。1916 年 3 月 22 日，袁世凯被迫宣布取消帝制，恢复中华民国年号。6 月 6 日，袁世凯在全国人民的声讨中忧惧而死。

## 第二份退位诏书

袁世凯死后，黎元洪做大总统，段祺瑞做内阁总理。黎元洪和段祺瑞不和，二人经常发生冲突。于是，黎元洪就召张勋来帮自己。

张勋是江西奉新（今江西省宜春市奉新县）人，曾参加过中法战争，也参加过甲午中日战争，在北洋军中是一名资格很老的将领。1911 年武昌起义时，张勋任江南提督，并在辛亥革命中死守南京城，与起义军激战，战败后退守徐州。宣统皇帝退位时，张勋第一个跳出来反对，他禁止部下士兵剪辫子，表示忠于清政府，所以张勋被称为“辫帅”，他的部队被称为“辫子军”。

1917 年 6 月，张勋借黎元洪所召，带领 3000 名辫子兵，从徐州北上到北京，他此行的真实目的是扶持溥仪再次做皇帝。6 月 30 日夜，张勋等人悄悄进入紫禁城和溥仪商量复辟之事，辫子军则占据了火车站、邮电局等要地。

7 月 1 日凌晨，张勋身穿蓝纱袍、黄马褂，戴红顶花翎，率康有为、刘廷琛，以及时任北洋政府参谋总长兼陆军总长的王士珍、步兵统领江朝宗，外加辫子军统领等 50 多人，乘车进入紫禁城。当时只有 12 岁的溥仪在养心殿接见了张勋。张勋说：“共和不适合我们的国情，只有皇上复位，万民才能得救。”溥仪说：“我年龄小，当不了如此大任。”张勋就给溥仪讲了康熙皇帝 8 岁登基为帝的故事。溥仪说：“既然如此，我就勉为其难吧！”

溥仪把公历的 1917 年 7 月 1 日，改为宣统九年五月十三，接着又连发 9 道上谕：授张勋兼任直隶总督、北洋大臣、内阁议政大臣，仍留北京；任命了各部尚书、各省督抚，等等。要求全国使用宣统年号，挂大清国旗。当天，北京街上出现大门挂龙旗、行人穿马褂的现象。

黎元洪给各省发电报请求出师讨伐，并请冯国璋代行大总统之职，重新任命段祺瑞为国务总理。湖南、湖北、浙江、江西、四川等省督军反对复辟，段祺瑞也组织起讨逆军，自任总司令，号召全国讨伐张勋。7 月 12 日，讨逆军进入北京，张勋逃亡，溥仪颁布了第二份退位诏书。就这样，张勋兵变、溥仪复辟的闹剧，短短 12 天就结束了。

推翻帝制、建立共和是多少仁人志士在辛亥革命时流血牺牲才换来的革命成果，也是历史发展的必然结果。复辟帝制无疑是逆历史潮流而动的行为，注定会以失败告终。

# 溥仪一家搬出故宫

溥仪的结局是什么？

从 1912 年到 1917 年，紫禁城里先后上演了袁世凯企图恢复帝制、张勋扶持溥仪短暂复辟等闹剧，但作为最后一位皇帝的溥仪一直住在故宫里。有人会问:“宣统皇帝都下台了，怎么一家人还住在紫禁城里面呢？”这是因为当时为了和平地实现共和，民国政府和清皇室签订了《关于大清皇帝辞位之后优待之条件》。

条件规定，清朝皇帝退位以后，皇室成员会被给予很多优待。比如，保留皇帝的尊号，每年拨款 400 万元给皇室开销；皇室暂住紫禁城（乾清门以里），侍卫和太监、宫女也都继续留用；保护皇族的私有财产等。紫禁城也被一分为二：内廷部分仍然是皇室禁地，溥仪一大家子人依旧住在这里，保留着封建旧习；外朝部分于 1914 年 2 月 4 日，成立国家古物陈列所，把东三省博物馆（今沈阳故宫博物院）和承德避暑山庄等处的文物，集中转运过来，暂存在武英殿等处，并对公众开放。

## 不安分的旧皇室

1917 年，溥仪在 12 岁时竟然上演了复辟的闹剧，虽然短短 12 天就草草收场，但还是能看出他的不安分和野心。1922 年 12 月 1 日，溥仪结婚了，在紫禁城里按照昔日皇帝大婚的礼仪，迎娶了一位皇后和一位皇妃，这件事在当时闹得沸沸扬扬。

溥仪留在紫禁城，严重影响到了文物的安全。溥仪在《我的前半生》里回忆道："我们行动的第一步是筹集经费，方法是把宫里最值钱的字画和古籍，以我赏赐弟弟溥杰为名，运出宫外，存到天津英租界的房子里。"比如古版书籍，他们把原来收藏在乾清宫昭仁殿里的全部宋版、明版书的珍本，都盗运走了；乾隆皇帝最珍爱的王羲之的《快雪时晴帖》，因为已经装裱成大的图册了，不方便携带出宫，溥仪在 1924 年打算把它作价 40 万元抵押给美国花旗银行，后来因为条件没有谈妥才作罢。

溥仪一家后来离开紫禁城的时候，又带走了大量珍宝。比如王献之的《中秋帖》和王珣的《伯远帖》，都是小卷轴，便于携带，就被他们带出紫禁城卖了，直到 1951 年，才由故宫博物院花了 38 万多元收购回来。《快雪时晴帖》《中秋帖》和《伯远帖》曾经是乾隆皇帝的至爱，他专门在养心殿西暖阁辟出一小间书房，取名“三希堂”，来收藏这 3 件国宝。可是到了溥仪这里，就这么给流散了。

溥仪和清廷的残余势力，一点儿都不安分，紫禁城已经成了复辟势力的大本营。溥仪的这些行为，让民众感觉到北京留下了一条帝制的旧辫子。

## 剪掉最后一根辫子

在这个历史关头，有一个人站了出来，他就是冯玉祥。冯玉祥是安徽巢县（今安徽省巢湖市）人，行伍出身，曾任北洋政府的陆军师长、河南督军等职务。冯玉祥曾经对自己的部将鹿钟麟说：“在中华民国的领土里，甚至在首都的所在地，居然还存在着一个废清小朝廷。这不仅是中华民国的耻辱，也是中外政治阴谋家图谋不轨时可以利用的借口。现在稍明事理的人，无不以留辫子为耻。留溥仪在紫禁城，就等于给中华民国还留着一条辫子，这是多么令人羞耻的事情啊！”

1924年10月23日，冯玉祥发动北京政变，把部队改为国民军，任总司令兼第一军军长，又请孙中山北上，共商大计。11月4日，国务会议讨论并通过了冯玉祥关于驱逐溥仪的议案。11月5日，冯玉祥正式下令把溥仪一家驱逐出紫禁城。北京警备总司令鹿钟麟亲自到紫禁城办这件事情，他限溥仪等人在2小时内，全部搬离紫禁城。溥仪急得像热锅上的蚂蚁，想找自己的老师——美国人庄士敦商量，但电话线已经被切断了；想找父亲载沣商量，也找不到人。载沣进宫后也没有主意，加上鹿钟麟极力催促，并以武力威胁，最后溥仪只好决定出宫。溥仪在《修正清室优待条件》上签了字，又交出了“皇帝之宝”和“宣统之宝”两方宝玺后，搬到了父亲载沣的醇亲王府暂住。

## 最后一位皇帝的结局

醇亲王府正是溥仪出生之地，这真是应了溥仪在登基大典上说的那句话：“我不要在这儿，我要回家！”现在溥仪确实回家了！

1931 年，溥仪到了东北，1932 年任伪满洲国“执政”，1934 年 3 月改称“满洲帝国皇帝”。1945 年日本投降后，溥仪被苏联红军俘虏，关在伯力（今俄罗斯哈巴罗夫斯克）收容所，1950 年 8 月被移交给中国政府，关在抚顺战犯管理所。溥仪前后共度过了 15 年的监狱生活，直到 1959 年得到特赦，后来还担任过全国政协委员。1967 年 10 月 17 日，溥仪病故，终年 62 岁。

# 故宫博物院成立了

博物院里的文物都是哪儿来的？

小朋友，讲到这里，故宫里的明清史就要结束了。你喜欢那些曾经发生在故宫里的故事吗？接下来，故宫又会有哪些新的用处呢？让我来一一讲给你听吧！

溥仪一家搬离紫禁城后，1924 年 11 月 7 日，临时执政府摄政内阁发布命令：清理紫禁城内的私产、公产，昭示大众。于是，国务院成立了由政府和清室双方代表组成的清室善后委员会，以宫殿为单位点查物品，逐件编号，逐件登记，再把各宫殿的账目，按照“千字文”的顺序编号，整合在一起。

经过 5 年多的辛苦工作，紫禁城的物品终于清点完毕。随后出版了《故宫物品点查报告》，一共 6 编 28 册，载录了每一件文物的编号、品名、件数、存放位置，以及参点人员、监视人员的姓名。紫禁城里的物品登记在册的一共有 117 万件，均留下完整的记录，这些文物都成了故宫博物院的藏品。

## 故宫博物院成立了！

1925 年 10 月 10 日，故宫博物院成立，在乾清宫前举行了隆重的典礼。这一天，神武门上方正式镶嵌了“故宫博物院”青石匾额，这五个颜体大字出自李煜瀛之手。自明朝永乐皇帝建宫至故宫博物院正式成立，500 多年来，人们第一次可以游览故宫中路的三大殿和后三宫，2 天内前来参观的达 5 万多人次。

故宫博物院成立以后，故宫又一分为三。后宫部分是“故宫博物院”，前朝部分是“古物陈列所”，午门外两侧的建筑和端门是“国立历史博物馆”。后来又把社稷坛改成“中山公园”，太庙改成“劳动人民文化宫”。这些改变在当时都是翻天覆地的，象征着昔日的皇宫和文物，完成了从君有到民有、从君享到民享、从君爱到民爱的划时代转变。

从君有到民有。过去归皇帝所有的紫禁城，变成了全国人民共同拥有的博物院。在中国古代，只有掌握着至高权力的帝王，才是紫禁城和最高端、最精美、最珍贵物品的拥有者和享用者。而现在，紫禁城和珍宝最终为国家所有、为民众共有。

从君享到民享。过去紫禁城只能由皇室享受，普通百姓不可能踏进紫禁城一步，而如今，民众可以畅游故宫博物院。故宫博物院受到世人的空前关注和热爱。

从君爱到民爱。过去，紫禁城和宫里的珍宝只有皇帝才有权赏玩，而如今，故宫博物院得到人民大众的喜爱。

## 无私的爱国人士

现在，故宫博物院成立已经接近 100 年了，几代中国人对故宫建筑和文物的保护与研究，都做出了重大贡献。不少爱国人士，以爱国家、爱文物之心，从文物市场以重金购买文物，捐献给国家。

比如张伯驹先生，他用重金购买了西晋时期文学家、书法家陆机的草隶书法作品《平复帖》，隋朝著名画家展子虔的《游春图》，元朝画家、书法家赵孟頫（fǔ）的《草书千字文卷》等。《平复帖》是现存年代最早并真实可信的西晋名家法帖，张伯驹将它看作身家性命，在抗日战争中曾把它缝在棉袄里，随身穿着，才保存了下来。《游春图》是我国古代早期山水画的代表作，张伯驹变卖房产，还搭上了变卖夫人首饰的钱才把它买来。后来，张伯驹把《平复帖》《游春图》和《千字文卷》等 8 件书画精品，无偿地捐献给国家，这些作品成了故宫博物院的藏品。

马衡曾经担任了 19 年的故宫博物院院长。他将自己珍藏的包括宋朝拓印、唐代石刻的颜真卿《麻姑仙坛记》卷在内的甲骨、碑帖等 400 多件文物捐给了故宫博物院。马衡院长去世后，子女遵照他的遗愿，又把 14000 余件（册）文物捐给了故宫博物院，有青铜器、印章、甲骨、碑帖、古籍以及书画、陶瓷等，种类众多，数量惊人，其中精品不少。

为故宫博物院捐献文物的人还有很多很多，为此，故宫博物院特意在东六宫的景仁宫里，设置了一个“景仁榜”，把捐献者的姓名镌刻在榜上，还出版了《捐献铭记》，以此表达对这些爱国人士的感激之情。

故宫是中华文化的重要宝库之一。如今，北京故宫和沈阳故宫、承德避暑山庄及其周围庙宇、颐和园、天坛、明清皇家陵寝、大运河等，已经被列为世界文化遗产。它们就像一部中华传统文化的百科全书，其中的知识和历史，永远也学不完。

## 故宫的600多年

故宫不仅见证着明清两朝的历史，还见证着多民族、多种文化形态的融合和发展。

600多年来，故宫就像一座历史的大舞台，明清两朝先后有24位皇帝在这里演绎了自己的历史角色。永乐皇帝治国的雄才大略，康熙皇帝年少为天子的宏博气魄，宣统皇帝的黯然谢幕……这600多年来，那些跟故宫相关的人，他们的经历、他们的命运、他们的喜怒哀乐，都给故宫蒙上了一层神秘的面纱。从明皇宫到清皇宫，从紫禁城到故宫博物院，故宫饱经沧桑，终获新生。故宫里的人，多得数不清；故宫里的故事，讲也讲不完。

小朋友，看完这套书，你是不是对故宫有了更深的认识？等你有机会来到故宫，会想起阎爷爷给你讲的这些故宫里的故事吗？

# 后记

亲爱的小朋友，故宫里的故事就暂时讲到这里了，但是还远远没有讲完，还有很多很多的故事呢！怎么个多法呢？故宫 600 多年的历史故事，可以说是——

故宫人物的故事，一千零一夜也讲不完，

故宫文物的故事，一千零一夜也读不完，

故宫建筑的故事，一千零一夜也看不完，

故宫历史的故事，一千零一夜也听不完。

故宫的故事有这么多呀！是的，我以后有机会还会继续和小朋友讲故宫里的故事，让我们一起期待……

还有，也许你读过的书越来越多，小书架可能都装不下了！那就向爸爸妈妈申请，换个高些、大些的书架吧！如果你的书越来越多，多到连高大的书架也放不下了，那就建立一个自己的“书屋”吧！记得给自己的书屋起个名字哟，比如我的书屋就叫“四合书屋”。

四合书屋的“四合”是什么意思呢？我读书多了，年岁也大了，逐渐体会到人生要学会“四合”——天合、地合、人合、己合。小朋友可以请爸爸妈妈慢慢给你讲天合、地合、人合、己合的道理。一定要一边学、一边做啊，千万不能做言论的“高个子”、行动的“矮个子”。

最后，祝小朋友好好读书，天天向上，人生四合，快乐一生！